EL MENDIGO DESPERTADOR

SERGIO CIUDAD LÁINEZ

Índice

A Yelena por su apoyo

EL ARROYO

Oscuro el horizonte se cernía sobre el país, mas el Mendigo no percibía diferencia alguna con respecto a tiempos pasados. Tantos años viviendo en soledad, deambulando de calle en calle, de iglesia en iglesia, de puerta en puerta. Tanto tiempo viviendo en la indigencia sin posesión alguna.

Hubo una época en la que moró en la montaña, durante años estuvo allí hablando en silencio. Solo tenía como amigos los animales del bosque y una galguita llamada *Lady*, a la cual un día se encontró abandonada en la ciudad y decidió entonces acompañarla al campo.

Pensó que sería buena idea pasar una noche junto a su amiga, ya por la mañana podría volver y dejar allí a la perrita. Aquella noche sintió lo que nunca había sentido, escuchó el bosque y su respiración. Escuchó el aullido del lobo, el canto del ruiseñor, los grillos, el viento. Observó el cielo sin contaminación lumínica. Contempló la Vía Láctea durante horas tumbado sobre un manto de hierba cerca de un arroyo. El murmullo de su agua envolvía el ambiente nocturno y el olor del verano.

El Mendigo respiraba despacio tumbado sobre su espalda, entonces decidió sentarse en una postura meditativa, como si hubiera estado haciendo esto durante eones. De repente, se percibió a sí mismo sentado en una *asana* perfecta, la postura del loto. Comenzó a apaciguar su respiración y su mente, observó como los pensamientos fluían como el arroyo cercano. Después de muchos años, se sintió a sí mismo como un cuerpo y una mente unidos esencialmente, sintió la unión fundamental del cuerpo y la mente. Las lágrimas comenzaron a brotar de sus ojos, sus músculos se relajaron completamente, sus huesos se resquebrajaron:

«¿Qué es el pasado?», se preguntó. «¿Qué es el futuro? ¿No son acaso ilusiones de mi conciencia? ¿No es acaso este instante mismo, este irrepetible instante lo único que existe? ¿No es quizás este punto donde surge el instante que es eterno, el único que realmente es?», se decía a sí mismo. «Mas cuando vivo en el instante eterno, ¿qué me importan a mí el pasado y el futuro?, ¿qué me importa a mí estar vivo o estar muerto?».

Y así continuó toda la noche hasta que la perrita lamió su cara y lo sacó de aquella estancia en el instante eterno, en la ausencia de la corriente temporal de la conciencia. Encontrando alrededor suficiente agua y comida, y siendo feliz con su mejor amiga, decidió instalar allí su campamento. El Mendigo solo utilizaba una manta, un paraguas y un pedazo de tierra que había decidido que desde entonces sería su hogar. Allí moró durante años, no sabría decir cuántos. Siempre en soledad, siempre feliz.

Poco a poco, fue perfeccionando su aptitud para la meditación, realizaba sentadas que duraban horas. En ellas, imaginaba que amaba a todas las personas del mundo, sin importar el mal que hubiesen hecho, sin importar si eran pobres o ricas, nada le importaba. Sumido en un profundo amor, su pulso se ralentizaba y su cerebro brillaba como una feria nocturna. Después de sus sesiones de meditación, recordaba todo lo que había leído cuando era una persona con dinero y tuvo la posibilidad de estudiar lo que había querido. Todos aquellos libros eran de utilidad ahora para poder entender el mundo y ofrecían soporte en el nuevo camino en el que se encontraba. Pero no penséis que era un camino a alguna parte, era solo un camino, solo eso. O quizás habría que decir: ¡nada menos que eso!

Poco a poco, fue mezclando lo que aprendía a través de su cuerpo y lo que aprendió a través del estudio, a partir de la mezcla y del hábito diario se construyó a sí mismo, se realizó en sí mismo. Más allá del tiempo, más allá del bien y del mal en sentido absoluto, más allá de la esperanza y de la desesperanza, allí moraba.

Un día al amanecer, después de una larga noche de tormenta, se percató de que el pecho de la perrita no se movía en absoluto, como si no respirara. La intentó despertar, pero fue en vano. Su amiga leal había muerto, había muerto para siempre. El Mendigo lloró amargamente durante horas, tanto estuvo llorando que se hizo de noche. Justo cuando la noche cubrió sus aposentos, decidió realizar una nueva sentada de meditación. Apaciguó su mente, dominó sus emociones, calmó el ritmo de su corazón y así estuvo durante horas. Tras ese tiempo comenzó a reflexionar sobre la muerte:

«¿Qué sentido tiene entristecerse por la muerte de un ser querido?, ¿qué sentido tiene doblegarse ante la ilusión de la conciencia?, ¿qué sentido tiene intentar eludir con mentiras la verdad esencial que es la impermanencia de todo lo existente, aunque la mayoría de los átomos que nos forman sean estables y aparentemente eternos? Estoy ya cansado de mi propia necedad, de mi egoísmo. ¿No es acaso todo ser vivo una parte del conjunto de todos los seres vivos de todos los universos?, ¿no estamos conectados todos de tal manera que nuestros sentimientos solo se aferran a la ilusión de la existencia de un yo individual por la falta de conocimiento de las verdaderas causas? *Lady* no ha muerto, *Lady* no ha vivido, *Lady* no ha nacido. Al igual que yo, no soy nada más que mi propia creación, la ilusión de mi conciencia. El mundo entero vive en cada uno de nosotros y cada uno de nosotros es el mundo entero, es el conjunto de todos los universos».

«Construimos un yo cada uno de nosotros y nos entristecemos cuando nos damos cuenta de que algún día desapareceremos, es el precio que debemos pagar por ser testigos de nuestra propia vida. Pero si aprendiéramos a reconocer en nosotros una continuidad esencial, una unidad esencial con el mundo y con el resto de los seres vivos, ¿qué diferencia tendría para nosotros estar vivos o estar muertos? Ha llegado la hora de abandonar este lugar y de volver a la ciudad, pues son tantas las cosas que tengo que explicar a sus habitantes. Echaré de menos este campo y este arroyo, echaré de menos a mi perra fiel, aunque mis emociones no volverán a dominarme en el futuro».

Y así partió hacia la ciudad, dispuesto a compartir con sus habitantes un gran número de enseñanzas útiles para la vida. Enseñanzas que provienen de una práctica que había consistido en el cultivo de la mente y del cuerpo como una sola unidad.

Justo antes de partir, óuna lechuza se posó sobre su hombro y le susurró algo al oído. Un escalofrío recorrió todo su cuerpo y con voz temblorosa respondió a la lechuza:

—¿Por qué yo?, ¿no es esa tarea demasiado grande para un hombre tan pequeño?

Después le susurró algo más al oído y echó a volar. Entonces el Mendigo comenzó el gran viaje.

EL REENCUENTRO

Aproximándose a la ciudad, sintió una gran añoranza por los momentos que había pasado con su familia, sus padres ya habían fallecido, y sus hermanos hacia tiempo que no sabía de ellos. Un vasto número de olores embotó su sentido del olfato, demasiado fuertes, demasiado artificiales. El ruido ensordecedor de los coches cercanos dañaba sus tímpanos, acostumbrados al sonido melódico del canto de los ruiseñores y de los mirlos.

Entonces, encontrándose ya entre la multitud, dijo en voz baja:

«¿Es este infierno lo que he echado de menos?, ¿son estas gentes con prisa lo que tanto anhelaba?, ¿quiénes son estos transeúntes que no se reconocen, que se ignoran unos a otros? Acabo de llegar y quiero ya regresar a mi campo y a mi arroyo».

Continuó andando y se tropezó con una niña montada en una pequeña bicicleta color rosa:

—¡Hola!, niña —le dijo el Mendigo.

—¡Hola! —respondió la niña con cara de perplejidad.

—Dime, ¿te gusta montar en bici? A mí también me gustaba cuando tenía tu edad.

—¿Quién eres? —respondió la niña.

—Ahora soy el Mendigo, antes vivía en esta ciudad, pero ya no recuerdo mi nombre. También fui en el pasado en otros cuerpos, pero siempre la misma conciencia.

—Eres muy extraño, tu ropa está rota. ¿No tienes dinero?

—No, no tengo dinero, tampoco necesito demasiado. De hecho, he vivido durante años sin ninguna necesidad de él.

—¿Y qué puedes hacer sin dinero? Mis padres siempre que salen de casa cogen algo de dinero o llevan una tarjeta de crédito y pagan con ella en las tiendas, en el cine, en todos los sitios.

—Yo no entro en las tiendas ni en el cine ni en ningún sitio. Yo vengo de la montaña, donde escuchaba el correr del agua de un arroyo.

—¿Qué es un arroyo? —preguntó la niña.

—¿Cómo que qué es un arroyo? Es un río pequeño. ¿Sabes lo que es un río?

—Sí, eso que sale en la tele, donde hay peces. Nunca he estado en un río, pero sí sé lo que es.

—Niña, voy a enseñarte algo. Hasta que no experimentas con tus sentidos lo que es una cosa, hasta que no la vives con tu cuerpo, no sabes realmente lo que esa cosa es. Saber algo implica también experimentarlo, todo lo demás es una fabulación de tu conciencia.

—Hablas de una forma muy extraña, pero me gusta. Además, eres muy guapo y estás limpio. ¿Dónde te has lavado?

—Todas las mañanas me lavaba en el arroyo y comía hierbas y frutos. Se puede vivir lejos de la ciudad, el agua del arroyo está limpia y es pura.

—Bueno, tengo que irme, mi madre me está esperando en la otra parte de la plaza. ¿Te volveré a ver?

—Seguro que sí, pues yo vivo en ningún sitio.

Así que el Mendigo siguió su camino hacia ninguna parte entre el gentío y el griterío ensordecedor, entre las emociones descontroladas de los seres humanos, los cuales pasaban a una gran velocidad delante de los ojos cansados de nuestro protagonista.

Después de caminar durante un rato en la dirección del viento, el Mendigo se encontró delante de una señora muy bien vestida, con ropa muy cara, y con un perfume que le recordaba a alguien del pasado. La mujer lo miró con desprecio y le dijo:

—En la puerta de esa iglesia encontrarás refugio y conseguirás algo de dinero pidiendo limosna. No te acerques más a mí, pues tengo que ir a una fiesta y acabo de echarme perfume, no me estropees el día, por favor.

—Es usted muy guapa, pero no debe temer por su fragancia. Aunque mi ropa esté vieja, me lavé esta mañana en un arroyo de agua pura.

—¡En un arroyo!, pero ¿de dónde has salido? La verdad es que no hueles mal.

—Vengo del campo, allí he vivido con mi perra durante años.

—¿Con tu perra? ¿En el campo? Y esa ropa, por favor, ¿por qué no te compras algo de ropa cuando consigas un poco de dinero? Toma, coge esto y vete a comprarla. Aunque tu mismo te hayas ganado tu pobreza, ¿por qué no iba yo a ayudarte si así al menos no me perturbas con tu ignominia?

—La verdad, señora, que no quiero su dinero. Mi ropa no es nada más que algo que está encima de mi cuerpo y que utilizo para cubrirlo y protegerme del sol, del frío y de la lluvia. En cuanto a que yo soy el responsable de encontrarme en esta situación, sé que hay muchas personas que piensan como usted. Es verdad que en mi caso se cumple tu acusación, yo quiero vivir así porque soy lo suficientemente fuerte para buscarme a mí mismo. Sin embargo, debe usted saber que la mayoría de los indigentes no son los culpables de su situación, sino que una gran culpa la tienen las circunstancias personales de cada uno de ellos, las desigualdades sociales, la injusticia y la suerte. En cuanto a ti, por mucho que perfumes tu cuerpo, por mucho que maquilles tu cara, por mucho que broncees tu piel, por muy cara que sea tu ropa, ¿de qué te sirve todo eso si aún no has conseguido encontrar el sentido a tu vida?, ¿de qué te sirve todo eso si no eres capaz de amar al resto de los humanos y de los animales?, ¿de qué te sirve todo eso si no eres capaz de amarte a ti misma? En realidad, la personas como tú son como huevos podridos, cuando rompes su cáscara apestan. Siento una gran compasión por ti y por los de tu clase, pues no sabéis que lo mismo es estar vivo que estar muerto, ni conocéis la verdadera riqueza interior.

—Maldito mendigo, ¿quién te has creído que eres? Yo soy una de las personas más adineradas de esta ciudad, yo puedo hacer lo que quiera.

—Si puedes hacer lo que quieras, ¿por qué te enojas? Eso no significa que la ira, que es una emoción negativa, te está dominando. Ves, no puedes hacerlo todo, de hecho, no puedes hacer lo esencial. ¿Puedes acaso controlar tus miedos? ¿Puedes controlar tu felicidad? ¿Puedes acceder a la paz mental?

—¿Pero de qué hablas?, nadie puede controlar su felicidad. Incluso yo, que tengo mucho dinero, cuando algo malo me pasa o algún imprevisto surge que no se puede comprar o reparar con dinero, ¿cómo voy a dejar de sentirme infeliz?

—He vivido en soledad durante los últimos años y he aprendido a ser feliz en ausencia de un gran número de cosas, por no decir de todas las cosas. Solo necesito agua, algo de comida, unos trapos para cubrirme y algo de compañía, incluso me sirve la compañía de un perro. Yo soy superior a ti y siento lástima por ti, ya que eres víctima de tus posesiones y de tus deseos. Si aprendieras a dominar el deseo, puede que algún día fueras bastante más feliz que en el presente. Pero para hacer eso primero tienes que admitir que estás equivocada y que las posesiones de las personas no son la clave de la felicidad, aunque sí que sea necesario cubrir algunas necesidades básicas. Siento compasión por ti, espero que encuentres el camino verdadero, el camino de la práctica y del despertar. No te pido que renuncies a tus riquezas, sino que valores cada cosa en su justa medida.

—De verdad que estoy empezando a comprender lo que me quieres decir. Tu perspectiva de la vida es tan extraña. Siento haberte tratado así, ahora soy yo la que me siento pobre de espíritu. Pensaba que tenía algo, que lo tenía todo, pero ahora siento que estoy vacía, que he vivido un sueño, que he estado muerta.

—En verdad, todos estamos vivos y muertos. Si piensas así no temerás a la muerte, igual que no temiste la vida en el momento de nacer. Cuando controles tu deseo, entonces dejarás de ser un montón de carne y huesos que compulsivamente se mueve por el mundo detrás de la fachada de las cosas. Algo que también hacen muchas personas, pobres o ricas.

—Dime, ¿quién eres?

—Yo ya he sido en el pasado, me llamaron…, ummm, lo siento, no puedo decirte cómo me llamaron. Una lechuza me previno. Solo lo podré hacer ante los oscuros y ante los que se postran ante ellos. ¡Te diré que he sido ya tantas veces, que he sufrido tanto! Por ello, creo que he podido aprender a combatir el sufrimiento. Ahora que he reconocido el arroyo de pensamientos que hay en la mente y que he aprendido a mirarlo desde la roca en la altura, su agua solo me arrastra cuando quiero limpiar mi cuerpo con el agua pura.

—Tus palabras son bellas, qué lástima que tenga que irme. Pero antes tienes que decirme cómo puedo encontrarme a mí misma, cómo puedo encontrar mi yo.

—Tu yo ya lo has encontrado, lo que tienes que hacer es encontrarte a ti misma, es decir, perderte en el océano que es el universo, unirte a él, a la trascendencia que es el universo. Eso es la unión o religación esencial, la vinculación esencial de todo lo existente. Encontrarse es, por ello mismo, perderse.

—Eres una persona especial, ¿por qué vives así? ¿Volveremos a vernos?

—Ojalá que nos volvamos a encontrar, pero no te dejes llevar por la esperanza ni por la desesperanza, sitúa tu mente en el punto exacto hasta que nos reencontremos.

Y nuestro amigo prosiguió su camino hacia ninguna parte, sin ningún plan específico, solo transmitir a los ciudadanos de aquella gran ciudad lo que había aprendido en sus años de anacoreta. Solo esperaba una señal, la lechuza le había dicho que ya sabría él cómo actuar a partir de entonces. Caminando cerca de una comisaría fue parado por una pareja de dos jóvenes policías, los cuales le pidieron la documentación con ciertos aires de superioridad:

—Buenas, señor, ¿qué hace usted por aquí con tal vestimenta? ¿No tiene otro sitio donde colgar sus trapos? ¿Dónde está su documentación?

—Buenas, señores agentes, solo pasaba por aquí. Estoy simplemente paseando y debatiendo algunos asuntos con los lugareños, pues traigo algunos consejos que pueden servirles de ayuda.

—Bien, pero ¿dónde está su documentación? ¿Es que no hablo claramente o quizás es que tiene usted demasiado sucios los oídos?

—Mis oídos están tan limpios que puedo escuchar el latir extenuante de tu corazón. Lo que ocurre es que de donde vengo no es necesario poseer ninguna documentación. He vivido durante años a la orilla de un arroyo de agua cristalina. ¿Para qué iba yo a necesitar tal cosa?

—¿Pero de qué está hablando este imbécil? —gritó el policía más joven. Deja de decir estupideces y saca de una vez la documentación.

—Cálmate. ¿Quién te ha enseñado tales modales? ¿Es así como os eligen ahora a los uniformados? Ya te he dicho que de donde vengo la documentación no tiene ningún sentido. Reconocía a los animales por sus ruidos y sus voces, y ellos pronto comprendieron que yo no pretendía hacerles daño.

En verdad que no entiendo vuestra forma de ser, vuestra forma de comportaros con una persona con mucha más experiencia que vosotros y que ha vivido ya mil veces. Mis trapos no son más que algo que llevo encima para protegerme, no pretendo que signifiquen nada. Vuestros uniformes están muy limpios y vuestras insignias relucientes, pero no puedo atisbar ningún fulgor más arriba de vuestros cuellos.

Deberíais saber que, aunque el Estado os haya ungido de autoridad, eso no significa que seáis más que nadie. Aún sois demasiado jóvenes para comprender vuestra osadía. Pero la culpa no la tenéis vosotros, la culpa la tienen aquellos que os forman con falsos prejuicios. ¿Qué tengo yo de especial para que me pidáis la documentación?

Cansado estoy de personas de vuestro tipo, personas que no tienen la capacidad de ver más allá de los estereotipos sociales. Gracias que no todos los policías son como vosotros, unos estúpidos arrogantes. Sin embargo, no penséis que estoy enojado con vosotros, todo lo contrario, debéis saber que os amo con todas mis fuerzas y que siento por vosotros compasión, debido a que es la paciencia la emoción que intento que me guíe.

—Pero ¿qué quiere este *subnormal*? ¿No ha entendido acaso que nosotros somos la autoridad y que debe obedecernos? El Estado ha delegado en nosotros el privilegio de la autoridad, así que deja de decir estupideces y saca la documentación de una vez.

—Si bien yo respeto a la autoridad, no me doblego ante los abusos de la misma. La autoridad solo debe poseerla el que realmente no pierda la cabeza ni el control. ¿De qué sirve proteger con indultos a personas de vuestro tipo? Yo os pondría a picar en las minas durante años y cuando vuestras espaldas estuvieran bien dobladas entonces os daría la oportunidad de servir al Estado para proteger el bien común.

Vosotros, marionetas, ¿no os da vergüenza defender por medio de la violencia los intereses de unos pocos a costa de los de todos los demás?, ¿es que acaso no tenéis los suficientes arrestos para negaros? ¡Ah!, puede que perdáis vuestro sueldo vitalicio, quizá esto os perturbe y no os deje conciliar el sueño. Pero miradme bien, he encontrado una forma de encontrar la paz mental más allá de los sueldos vitalicios y de la promesa de una pensión a costa de una parte de vuestro salario mensual.

—Voy a dar un porrazo a este mendigo imbécil, me tiene ya hasta los cojones— gritó enfadado uno de los jóvenes policías.

Afortunadamente para el Mendigo, sonó la emisora del coche de los agentes y una voz entrecortada les comunicó algo en clave. El Mendigo siguió caminando mientras escuchaba las amenazas de los dos policías que seguían bastante enfadados, pero ya en el coche y alejándose.

Después de unos minutos de caminata, se sentó cerca de un gran palacio y reflexionó sobre lo que le había ocurrido:

«No entiendo a estos jóvenes policías, ¿qué valores respetan? Creo que han olvidado que lo más importante es proteger a la ciudadanía, no aplastarla, y que para ello a veces es necesario decir no a ciertas órdenes injustas. ¿Aunque qué sería de la policía si todos los que forman parte de ella estuvieran constantemente preguntándose sobre la justicia o la injusticia? Así, en cierta manera, comprendo que sea a este tipo de personas a las que haya que elegir para esta tarea. Sin embargo, estoy convencido de que incluso teniendo esto en cuenta hay muchos entre ellos que no están de acuerdo con muchas de las decisiones que se toman desde arriba. Ellos, los que no están de acuerdo porque comprenden el engaño y la injusticia, deberían tener el valor para manifestarlo públicamente y tomar las mediadas necesarias dentro de lo que les permite el Estado democrático de derecho».

Sobre estos temas siguió reflexionando el Mendigo durante un largo rato, después se fue hacia un jardín precioso en aquel palacio con el que se había topado por casualidad y continúo hablando consigo mismo:

«Qué capacidad de influencia tienen los grupos sobre nuestras débiles personalidades, cómo coaccionan nuestros pensamientos y nuestros comportamientos hasta que los primeros se adaptan a los últimos. Sé que muchos de estos policías al llegar a casa y lejos ya de la influencia del grupo, cuando se enteran a través de los medios del mal que está provocando el acatar las ordenes injustas, no tienen más remedio que llorar de impotencia, pues al mirar a los ojos a sus hijos y a sus mujeres se preguntan cómo se sentirán los de aquellos a los que tratan según lo establecido por el poder político».

Y cuando más concentrado estaba el Mendigo, una algarabía fuera de los jardines donde se encontraba llamó su atención y hacia allí se dirigió:

—Buenas— dijo el Mendigo a una mujer que se encontraba en el gentío—, ¿por qué estáis protestando?

—¡Hola! — respondió la mujer—, protestamos porque están desalojando a muchas familias de sus casas al no poder pagar sus hipotecas.

—Sí, es una lástima que esta pobre gente acabe viviendo en la indigencia como yo.

—Lo siento, ya sé que su situación es incluso peor que la de los afectados por la ley hipotecaria, pero muchos de ellos estarán muy pronto en la calle sin poder vivir en ningún sitio y sin tener culpa alguna.

—Mi situación no es peor que la de ellos, pues yo la he aceptado y elegido, así no tengo razones para entristecerme ni enojarme. Sin embargo, estas personas que no tienen más remedio que abandonar sus casas porque la ley hipotecaria es injusta, pues yo sé mucho sobre estos temas, seguro que se sienten muy infelices y enojados.

Ellos han sido engañados por políticos astutos que han controlado las cajas de ahorros para viciar las decisiones de los consejos en su propio beneficio, engañados por los trabajadores de las cajas y bancos por medio de la concesión de hipotecas con cláusulas abusivas.

Comprendo muy bien vuestras protestas y sé que el partido en el gobierno hará todo lo posible por acallarlas y tergiversar cada una de vuestras comparecencias públicas. Pero he de decir algo, con la protesta no es suficiente, la educación financiera es esencial para que este tipo de abusos no se vuelva a repetir.

—Parece que sabes de lo que hablas, ¿cuánto tiempo llevas viviendo en la calle? ¿Es que trabajaste en un banco o algo así?

—Un día lo dejé todo, he olvidado incluso en lo que trabajé, parece que nuestro cerebro siempre borra las malas experiencias. Pero todo lo que aprendí en aquel tiempo aún lo sigo recordando y he decidido utilizarlo para ayudar a los más desfavorecidos y convencer a los ricos de que pueden ayudar a aquellos para que todos vivamos mejor. Así, los ricos encontrarán la verdadera felicidad, que no es la acumulación de bienes materiales en sí misma, sino la capacidad de redistribuir la riqueza, la generosidad. Incluyendo en el término generosidad la creación de empresas justas y no solamente la donación.

De todos modos, ellos en el fondo saben muy bien que el dinero no te garantiza la felicidad. Yo lo comprendí escuchando un arroyo durante años con la sola posesión de estos harapos que cuelgan de mi cuerpo y la sola compañía de mi perrita y los animales del bosque. Incluso el lobo se acercaba a mí para sentir mi presencia, a diferencia de los lobos que hay en esta ciudad, que solo quieren explotar a los que menos tienen.

—Sí, comprendo tus enseñanzas. Pero ¿cómo podemos convencer a estos señores que llevan años secuestrando el Estado de derecho y llamando justicia a lo que es una injusticia descarada? Incluso nos acusan de violentos porque realizamos escraches.

—Lo que estáis haciendo está muy bien, debéis seguir en la lucha. La ley es injusta y debe ser combatida y cambiada, este es el camino. No solo lo digo yo, sino que también lo dicen las autoridades del gran continente. Lo que ocurre es que los partidos hasta ahora en el poder han estado beneficiando a los bancos y, a su vez, los bancos han estado comprando las políticas de estos partidos. Esta es la realidad.

Si os acusan de violentos, en realidad tienen en parte razón, hay cierta violencia verbal y coacción en los escraches.

Ahora bien, aunque un escrache se pueda considerar violencia verbal y exista cierto grado de coacción, está muy alejado del tipo de violencia ejercida por las tropas de mercenarios de las fuerzas de seguridad del Estado cuando os expulsan de vuestras casas siguiendo las órdenes de mandos politizados y basándose en leyes que son completamente regresivas e injustas. Así, debéis seguir realizando escraches y todo tipo de movilizaciones, simplemente, porque las decisiones de los políticos ya están viciadas. Por ello, más que viciarlas, vosotros vais a hacerlas más justas.

Pero ocurre una cosa, sucede que no apoyáis unánimemente a una fuerza política que no sea ninguna de las anteriores, que no tenga ninguna relación con el pasado y que os apoye en vuestras movilizaciones. Si convencéis a muchos ciudadanos de que es posible que un nuevo partido político que defienda las nuevas exigencias ciudadanas gobierne, entonces las cosas serían mucho más fáciles en unos años.

—¿Cuál es? ¿Cómo puede ser que no lo conozca si defiende nuestros intereses?

—No te diré qué partido es, tú debes buscar por ti misma. Los medios de comunicación están dirigidos por los grandes partidos, así, siempre se habla de ellos en los medios. Incluso cuando hablan mal de ellos los favorecen, ya que no se presenta una alternativa. Y cuando se presenta una alternativa es solo para debilitar al contrincante dividiendo los votos entre partidos que comparten valores, principios e ideología. Sin embargo, que un partido sea nuevo no significa que sea mejor que los anteriores. El populismo es más dañino aún que la situación actual. Bien, amiga, tengo que dejarte, me alegra mucho encontrarme con grupos de personas que empiezan a despertar de su letargo. Debo seguir mi camino a ninguna parte para enseñar a muchos más como tú lo que he aprendido en mi práctica meditativa.

—Muchas gracias, por cierto, ¿cómo te llamas? No me dijiste tu nombre.

—Yo ya he sido muchas veces, he recibido muchos nombres, ahora me conocen por el Mendigo. No te sientas triste ni pienses que ese es un nombre feo, pues la belleza reside en la ausencia del deseo. He aprendido a controlar el deseo, por ello, soy hoy más feliz que nunca, aunque solo tenga estas ropas y coma en estos días lo poco que me ofrecen los parques de esta ciudad.

—Eres una persona especial, siento que hablo con alguien muy sabio. Me gustaría volver a encontrarme contigo y ayudarte.

—Tú ya tienes suficiente con ayudar a los desfavorecidos por las leyes injustas, continúa ese camino, eso me hace sentir feliz y me ayuda. Aunque ten en cuenta que una cosa es ayudar a quien le quitan la casa injustamente y otra, muy distinta, es ayudar a quien se adueña de una casa que no es suya.

Y nuestro amigo volvió al jardín del que había partido, en aquel majestuoso palacio. Se sumió en una profunda sentada meditativa y así estuvo apaciguando su mente durante horas. Cuando estaba anocheciendo, el canto del ruiseñor señaló el momento de la salida del estado perfecto y en total calma se tumbó sobre la hierba húmeda hasta quedarse completamente dormido.

EL REY

A la mañana siguiente, lo despertó el canto del jilguero, abrió sus ojos y vio justo encima de su cabeza un jilguero en una rama cercana.

—¡Qué majestuoso canto y qué abigarrado plumaje! — dijo en voz baja. Se levantó y se acercó hasta una fuente donde lavó su cuerpo. Comió algunas raíces y algunos frutos que reconoció por su experiencia pasada en el bosque.

Repentinamente, escuchó el ruido metálico de una puerta abriéndose. De ella, salía un enorme y pomposo coche negro, completamente blindado y con cristales oscurecidos que no permitían ver lo que había en su interior. «¿Qué pretenden esconder?», se preguntó. «¿Acaso es un personaje importante el que viaja dentro?» Cuando el coche hubo sobrepasado completamente el alcance de la puerta automática, se paró, la puerta trasera se abrió y de allí salió un hombre de aspecto campechano con un andar renqueante. El Mendigo pronto lo reconoció, era el rey de su país. Se acercó a él tranquilamente y varios guardaespaldas le cerraron rápidamente el paso.

—¡Su majestad! — gritó el Mendigo—, ¡su majestad! Soy sangre de su sangre, soy carne de su carne, ¿es que no me reconoce?

—Dejadlo— dijo autoritariamente el rey—, no sé quién es, pero afirma conocerme.

—Soy el Mendigo, ya he sido muchas veces, yo pertenecí a la realeza milenios atrás, me reconoces, ¿verdad? Aunque ya no quede en mí la sangre de aquellos, pues el cuerpo se pudre al morir, mi conciencia ha migrado de generación en generación y he me aquí. Soy tan noble como tú, incluso más que tú, pues ya desde el principio renuncié a todas mis riquezas para vivir en el bosque y liberar a los humanos del sufrimiento.

—La verdad, Mendigo, que no te reconozco. ¿Qué haces aquí?, ¿has venido a verme?

—Me atrajo hasta aquí el olor de los jazmines y el color rojo de aquella granada abierta, tan roja como la del poema del gran poeta fusilado. Cuando te he visto no podía creerlo, me he dicho: ¿estará aún a la altura de lo que fue en el pasado?

—¿Qué quieres decir con eso? — preguntó con cara poco amigable el rey.

—Pues eso, ¿que si está usted a la altura de la gran tarea que llevó a cabo en el pasado? Porque no sé, incluso los animales del bosque donde he vivido oían rumores de una prudencial abdicación. Yo les decía que eso no era posible, que el rey era mi hermano, que lo que él hacía lo hacía con buena intención.

—¿Los animales del bosque? Ya veo, has perdido la cabeza.

—No, se equivoca, son ustedes los que han perdido la cabeza, intentando imponer una monarquía por los siglos de los siglos. Yo, que renuncié a todo para encontrarme a mí mismo por eso mismo me perdí, y ahora estoy aquí como una mezcla de conocimiento y práctica. Perderse es encontrarse, pues el yo es solo una ilusión. Así, ahora me comunico en todas direcciones con la naturaleza y el universo. Soy uno de los primeros reyes, sé de lo que hablo. Buscando la felicidad, renuncié a todos los privilegios materiales, pues ellos encadenaban mi espíritu a la piedra descendente del deseo.

—Entiendo lo que me quiere usted decir. He oído hablar de usted y de su alcurnia, pero aquí en mi reino los reyes viven como reyes, ahora y siempre.

—No, señor. Algún día las mujeres y los hombres del reino tendrán el derecho a elegir. Algún día vuestra Constitución deberá ser mejorada, pues cada cierto tiempo los que aquí moran deberían elegir entre república y monarquía, repitiéndose cada cierto número de décadas un referéndum en el que los ciudadanos se pronuncien de nuevo sobre tal asunto. Quizás los ciudadanos del futuro no quieran lo que elijamos en nuestro presente, al igual que los de hoy puede que no quieran lo del pasado.

—Pero ya se eligió, no se puede cambiar. Ellos lo eligieron cuando votaron la actual Constitución.

—¡Oh, gran rey! Qué mal vamos a ir en esa dirección. Si en el fondo yo sé que usted no piensa así, que le gustaría ser elegido por el pueblo. Se debería haber dividido la Constitución en bloques y haber votado la aprobación de los mismos por separado. Al salir de una dictadura, ¿qué esperabais que hiciera la gente? Hasta un trozo de mierda hubiera sido mejor que lo que había vivido una gran parte de la población. Por ello, ahora es el momento de abdicar y de llevar a cabo un referéndum sobre monarquía o república, está vez con su hijo como sucesor. ¿Qué le parece, Majestad?

—No sé, empiezo a entender que no estás en contra de mí, sino que quieres democratizar las decisiones. No es tan mala idea, quizá se elija la monarquía de nuevo. Si no se elige, tal vez en el futuro los ciudadanos la valoren más positivamente.

—Eso es, señor, ya me va gustando su discurso. Con todo, tanto boato no es bueno. Fíjese en mí, intenten usted y su familia seguir mis consejos, no les pido que vivan en la indigencia como yo, sino que se deshagan de lo innecesario, que es mucho. Solo cuando eliminas la influencia de todas esas posesiones sobre tu deseo, solo cuando no ambicionas nada más que la limpia felicidad, solo entonces eres digno de ser un rey, ya que la gente amará tu persona. Rey, sangre de mi sangre, ¿cuándo se hermanarán nuestras conciencias?

—¡Cómo voy a renunciar a todos mis privilegios!, eso no es posible, aunque comprendo que los ciudadanos se enojen con esta situación de desequilibrio social y con los comportamientos de mis vástagos.

—Si no renuncias a todo lo innecesario, será tu fin, ese es mi vaticinio. ¡Oh, gran rey!, qué pequeño espíritu tienes, qué alejado te encuentras de la altura de mi corazón. No puedo creer que una vez mi sangre y la tuya fueran hermanas, ¿tanto poder tiene la cultura sobre lo biológico? En el fondo, siento una gran lástima por ti, pues no has sentido la necesidad de postrarte ante un verdadero rey, aunque venga envuelto en harapos y duerma a la intemperie entre rosales y jazmines sobre la hierba húmeda. Estás tan ciego que has olvidado que estoy por encima de ti en jerarquía, pues deberías saber que solo el que se obedece a sí mismo es digno de ser obedecido. Bien, debo irme, reflexiona sobre lo que hemos estado hablando y recuerda que debes ser verdaderamente humilde.

El rey no dijo nada, tampoco se postró ante el Mendigo. Se quedó allí de pie, absorto, hasta que uno de los guardaespaldas se acerco a él y lo vio llorar, lo que lo empujó a apoyar la mano sobre su hombro para consolarlo.

El Mendigo siguió su camino hacia ninguna parte y reflexionó sobre su encuentro con el rey:

«No me gusta que se postren ante mí, pero cuando un rey no lo hace soy consciente de que la humildad es muy esquiva. Aunque nuestro rey haya perdido perdón en ocasiones, todavía no lo he visto renunciar a ciertos privilegios materiales. No basta solo con pedir perdón, es el momento de arrodillarse y de ayudar a los que más lo necesitan, con obras, no con palabras o gestos».

«Yo comprendí esto muy bien en el pasado, ya que el sufrimiento ajeno carcomía mis entrañas, por ello, renuncié a todo para encontrar un remedio contra el sufrimiento. No solo de los pobres, sino también de los ricos. No solo de los súbditos, sino también de los reyes. Si controlas el deseo, si controlas tus emociones, serás digno de ser un rey y estarás por encima de aquellos que son como autómatas».

Y así continuó el Mendigo con sus divagaciones durante horas, hablando un poco de esto, un poco de aquello, perdido en el tiempo del instante eterno, que es el tiempo de la conciencia contemplativa.

EL REPUBLICANO

Deambulaba el Mendigo por la gran ciudad hablando con unos y con otros, observando los jardines, cuando a lo lejos, al final de una gran avenida, divisó lo que parecía ser una especie de centro comercial y allí se dirigió.

Cerca de la puerta, estaban apostados los profesionales de los medios de comunicación con toda su parafernalia. El Mendigo se acercó a uno de los periodistas y le preguntó que qué ocurría. El periodista le respondió que estaba a punto de aparecer el presidente del gobierno, el elegido le dio las gracias y se dirigió a un banco cercano donde se sentó. Pues también tenía previsto hablar con el presidente de lo que había aprendido en el bosque. Estando en el banco, se acercó un hombre de mediana edad y se sentó junto a él:

—¿Se puede? — dijo amablemente el caballero.

—Por supuesto— respondió el Mendigo— , será un placer compartir mi banco contigo y de paso contarte la buena nueva.

—Ya lo sé, no hace falta que me la cuente, ¡qué viene el presidente! Vaya estupidez. Eso no tiene para mi ninguna importancia. Además, hoy estoy hasta las narices de este país, no aguanto más lo que está ocurriendo con el tema de la monarquía. Todos estos son unas garrapatas que lo único que quieren es vivir del cuento, si por mi fuera los mandaría a todos al cuerno.

—La verdad que eso no era lo que iba a contarle, pero ya que saca usted el tema le diré que esta misma mañana hablé con el rey sobre la posibilidad de realizar un referéndum para que los ciudadanos puedan elegir si quieren o no una monarquía.

—Es usted muy gracioso, ¿qué lleva en ese cartón, vino? Seguro que el rey se ha parado a hablar con usted sobre ese tema, no tenía otra cosa que hacer.

—Pues siento decirle que eso mismo es lo que ha ocurrido, estaba yo en los jardines de su palacio, disfrutando de los olores de la mañana y allí apareció mi hermano. Pues debe saber que yo también soy de familia noble, como el rey.

—Sí, eso seguro, por eso está usted aquí, con esos harapos.

—Yo renuncié a todo lo que tenía para encontrar la verdadera riqueza, la paz interior. Así, está usted ahora mismo ante el hombre más rico del mundo. Mi alcurnia se extiende más allá del comienzo del periodo cristiano.

—Pues sinceramente, no me gusta ni un pelo la realeza y no entiendo cómo los ciudadanos de este país no se rebelan de una vez contra esta imposición. Soy republicano y ojalá algún día se establezca de nuevo una republica, pues así se acabaría con todos los problemas.

—Bien, amigo, déjeme decirle que creo recordar que en el pasado ya hubo repúblicas y la cosa no salió muy bien. De todos modos, estoy de acuerdo con usted en que los ciudadanos se tienen que despertar y comenzar a cuestionar su papel en los asuntos públicos. Pero ¿y si una vez hecho esto los ciudadanos eligen libremente que continúe la monarquía?

—Eso no es posible, ¿cómo va a ocurrir tal cosa? Si sucediera lo que usted dice, yo pensaría que las gentes de este país se han vuelto locas y que no tienen ni idea de lo que hacen. Aunque es tanta la estupidez que existe por aquí que cualquier cosa es posible.

—Sí, puede que exista mucha estupidez, pero que los ciudadanos elijan la monarquía no les hace para nada estúpidos, en eso se basa la democracia, en el poder elegir. Ya sé que hay muchos que piensan que la monarquía debe desaparecer, pero eso es algo que tiene que hacerse a través de un referéndum y sin ningún tipo de confrontación, ya sea verbal o física. Hablar tranquilamente sobre estos temas es una prueba de democratización de la sociedad en todos los ámbitos.

Saber comprender los puntos de vista de los demás sin utilizar argumentaciones *ad hominem* o sin menospreciar a nadie, eso sería un buen punto de partida. Lo que ocurre, sin embargo, es que hay personas que piensan que tienen razón sin entrar a valorar exactamente en qué se basan sus argumentos o si las premisas de las que parten son verdaderas.

—Realmente— respondió extrañado el hombre—, no comprendo cómo puede usted apoyar esta institución, parece usted tan versado. ¿Es que acaso alguien de su entorno se sigue beneficiando de los privilegios por poseer sangre real?

—En verdad, yo ya no poseo sangre real, pues es mi conciencia lo que ha migrado de generación en generación, más allá de los vínculos de sangre. Debe usted comprender que existen dos linajes, el sanguíneo y el cultural, yo pertenezco a la realeza porque mi linaje cultural, conectado con la conciencia eterna, perteneció ya en el pasado a la alta nobleza. Sé que para usted es muy difícil de entender, pero yo ya he sido al menos cincuenta veces. En cuanto a mi gusto por la monarquía, le diré lo siguiente, yo fui rey y renuncié a mi reino para encontrar la paz interior y para encontrar un método que ayudara a todos mis súbditos a aliviar su sufrimiento. ¿Acaso no es eso digno de alabanza?

—Sí, pero usted renunció, eso es lo que le hace grande.

—No, se equivoca, lo que me hace grande es la práctica diaria del método que he encontrado a través del conocimiento y la experiencia, lo que me hace grande es que pretendía ayudar a mis súbditos. No el renunciar a ser rey, sino la tarea a la que me encomendé. Por ello, le digo que si el rey, este o el que venga, realmente pretende ser querido por la ciudadanía, debe hacer lo que ya le dije al monarca esta mañana, ayudar a los demás y renunciar a todos los privilegios materiales innecesarios.

—Sí, pero entonces parecería que el rey es alguien que está por encima de los ciudadanos, alguien que solo por su pertenencia a una familia ya tiene más derechos que los demás.

—Eso es cierto, pero es algo que se debe aceptar si la mayoría de la ciudadanía lo quiere así, lo que no quiere decir que se deba aceptar cualquier cosa que quiera la mayoría. Por mucho que choque con tu visión de la sociedad no debes pensar que las personas que así piensan son unos ingenuos, sino que debes intentar convencer por medio de argumentos a todos cuantos puedas de que eso no es lo mejor para ellos si es eso lo que crees.

En cuanto a mí, me da igual que haya monarquía o que haya república, lo que me importa realmente es que no se imponga a la ciudadanía ninguna de las dos opciones y que temporalmente se pueda de nuevo optar por una o por otra, eso es democracia. Ciertamente, la existencia de la monarquía viola algunos de los artículos de la Constitución del reino, por muy contradictoria que parezca esta frase.

—Pues no sé, yo creo que seguiré pensando que los que apoyan a la monarquía y los que aplauden al rey en las ceremonias y todo ese tipo de eventos son unos estúpidos y que realmente no saben lo que quieren.

—Eso es exactamente lo que piensan algunos de aquellos que aplauden al rey en los actos oficiales sobre los que son como usted. Ves, el asunto no es tan fácil y hasta que no te pongas en la piel del otro y comprendas exactamente de dónde proceden sus gustos, no vamos a adelantar nada. Muchas veces no hay razones, sino emociones detrás de tales opiniones, así que la cosa va para rato. Pero ya está bien de hablar de la monarquía, estoy aquí para hablarte de algo prodigioso, de una manera de afrontar incluso las situaciones más complicadas. Mírame bien, ¿tú serías feliz en mi situación?

—Claro que no— respondió con total honestidad el hombre—, es difícil no entristecerse cuando se carece de recursos suficientes y cuando no se tiene un techo para cobijarse. ¿Cómo puede ser que no te afecte?

—Cuando uno aprende a dominar el deseo y las emociones, cuando uno satisface sus necesidades primarias y con ello se conforma, cuando uno no espera ni desespera, entonces es que se encuentra en el estado perfecto.

—Pero eso no es posible, el que no espera ni desespera no es alguien que esté vivo.

—Yo soy un ejemplo viviente de que se puede vivir en el instante del presente eterno, claro que siempre existen las recaídas, pero todo vuelve a su sitio con la práctica. Esto no quiere decir que yo pretenda que todos los ciudadanos me imiten y alcancen mi nivel. Lo que intento es demostrar que se puede renunciar a muchas cosas y ser incluso más feliz que en el pasado. ¿Acaso no os dais cuenta de que las posesiones os poseen? ¿Quién es el dueño de quién?

Llevo aquí solo dos días y ya echo de menos el sonido y el agua clara del arroyo, ¿cómo puede ser que algo tan simple me haga tan feliz? Aquí solo veo a la gente correr de un lado para otro, persiguiendo proyectos vitales que no se adecuan a la esencia humana. Arrastrándose detrás de los objetos y sueños deseados hasta alcanzar alguno de ellos y justo, por ello, cesar toda querencia con respecto a lo conseguido. ¿No sientes acaso que necesitas un sitio donde sentarte y valorar todo en su justa medida? ¿No sientes que todo se divisa mejor desde la atalaya inamovible de la conciencia contemplativa, la paz mental?

—¿Eres de verdad un mendigo? Pareces un nuevo mesías, hablas tan metafóricamente que no logro entender bien tus argumentos. ¿Estamos acaso encerrados en el frío racionalismo de nuestra época, cegados para cualquier tipo de visión poética de la vida? Me gusta como hablas y, sin embargo, sé que mucho de lo que dices se me escapa entre mis neuronas entumecidas por discursos fríos. ¡Mira! —gritó repentinamente el hombre republicano—, por allí viene el presidente con toda su cohorte de guardaespaldas. Yo ya sí que me voy, pues no aguanto a este personaje. Adiós, no sé si llamarte desde hoy maestro. Ojalá nos volvamos a encontrar, tengo algunas dudas con respecto a lo último que hemos hablado.

—Seguro que sí. Estaré en esta ciudad algún tiempo, deambulando como una abeja que recolecta el polen de las hermosas flores y a cambio las poliniza, pues encontrarme con vosotros satisface mi necesidad de socialización y, al mismo tiempo, me da la oportunidad de traeros la luz que hará nacer en vosotros la atalaya inamovible de la conciencia pura.

EL PRESIDENTE DEL GOBIERNO

Y allí estaba el presidente del gobierno. Qué extraño le parecía todo al mendigo. Tanto tiempo en soledad y ahora rodeado de cientos de cámaras y de micrófonos, de personas vitoreando al presidente, de ciudadanos silbando y gritando en tono de protesta, de curiosos pasivos, de compradores compulsivos, de luces innecesarias, de sonidos superfluos, de olores abrasivos, de colores chillones y artificiales.

El presidente se acercó a un atrio que habían montado para la ocasión y comenzó a hablar sobre la importancia de los emprendedores, sobre la urgencia del aumento de las exportaciones, sobre las medidas necesarias para acabar con el paro y muchas más cosas. Toda la pomposidad se fue diluyendo en la quietud insoportable de un gélido discurso aprendido de memoria y, en ocasiones, leído directamente de unos apuntes redactados por asesores.

Una vez concluyó la verborrea, el presidente apenas si respondió un par preguntas. Su cara denotaba cansancio y temor, pues no parecía que estuviera seguro de lo que acababa de contar a los allí presentes. Así, lo mejor para él era salir cuanto antes de la escena y volver a perderse entre la cohorte de asesores y profesionales que lo secundaba.

Se esfumó entre la multitud y, a través de un pasillo estrecho, flanqueado por todo tipo de curiosos, entró en el centro comercial. Hacia allí se encaminó el Mendigo, pues estaba convencido de que el presidente lo recibiría y hablaría con él sobre lo que había aprendido en aquel bosque.

Transcurrida una media hora, se encontraba el presidente sentado en una mesa de una lujosa cafetería, cuya puerta estaba custodiada por guardaespaldas y policías. El Mendigo se acercó a la puerta y, rápidamente, le cerraron el paso:

—Lo siento, no se puede pasar— dijo uno de los policías.

—¿Por qué? ¿Acaso no está abierta esta lujosa cafetería para conciencias lujosas?

—Sí, está abierta, pero no creo que este sea el sitio más adecuado para usted. El presidente de la nación está aquí reunido con personas muy importantes del gran continente, así que es imprescindible no dar mala imagen.

—Entiendo, no le gusta mi vestimenta, pero yo estoy limpio, sobre todo por dentro.

—No insista, se lo estamos diciendo por las buenas, no puede usted entrar hoy en esta cafetería, no nos haga echarlo de aquí por las malas.

—Ciertamente que pueden, ¡son ustedes tan fuertes! Sin embargo, no sé si deben hacerlo delante de tantas cámaras, yo creo que la imagen del presidente sería lastimada si hicieran tal cosa. ¿Se imaginan? *Los sicarios del presidente apalean a un indigente a las puertas de una cafetería*, reportarían los grandes medios. Miren, lo único que pretendo es hablar con el presidente un par de minutos, el me conoce. Seguro que, si me permitís dirigirme a él, accederá sin ningún problema. ¿Qué mal puedo hacerle?

—No sé, quizás este mequetrefe tenga razón— susurró al resto de compañeros uno de los guardaespaldas. ¿Cómo vamos a hacer para que no se den cuenta los medios de comunicación?

—Vamos, amigos, solo será un momento — insistió.

Finalmente, uno de los guardaespaldas se acercó a la mesa del presidente y se inclinó sobre su oreja. El Mendigo no sabría decir lo que le dijo, pero el caso es que el presidente accedió a reunirse por unos segundos con el Mendigo, quizás esto le ofrecería una oportunidad para lavar un poco su imagen públicamente.

—Bien, señor, aquí me tiene— dijo con una gran sonrisa falsa el gran presidente—. ¿Qué es lo que necesita, una casa, cobijo? No se preocupe, nosotros lo ayudaremos a conseguirlo, sea lo que sea— fingió en voz alta para que los periodistas se percataran de lo que ocurría.

—La verdad que no quiero su ayuda, pues soy yo quien viene a ayudarlo, a pesar de que a los de su partido no les gusten las personas como yo. Sé que miden a los sujetos por la cantidad de dinero que poseen, independientemente de los medios que hayan utilizado para conseguirlo. Por ello, comprendo que no sea el más adecuado para ganarme su aprecio, pues soy justo lo contrario de lo que ama. En verdad, ha querido hablar conmigo para no quedar mal delante de la prensa y, de paso, aparentar que le importan las personas que con sus políticas lo han perdido todo. Eso lo sé. Aunque con el control que ejerce sobre los medios de comunicación y con el apoyo que recibe altruistamente de algunos, dicho esto último irónicamente, no creo que sea necesario disimular ante la prensa. Expláyese, quizás esto se olvide en un par de días.

—No, no, de verdad, me ha parecido que usted necesitaba mi ayuda. Haré todo lo posible para que encuentre el camino de vuelta a la sociedad.

—No quiero su generosidad, pues en realidad no es suya, sino de los ciudadanos que pagan los impuestos y su sueldo. Aunque tengo entendido que no le basta a usted y a los de su partido con los sueldos legalmente establecidos. Además, yo ya soy parte de la sociedad, todos los ciudadanos somos parte, el problema es que ustedes persiguen la no redistribución de la riqueza basándose en argumentos completamente falaces. Esto ocasiona que una parte de los ciudadanos no tengan en la práctica los derechos reconocidos constitucionalmente. Y no entienda que por redistribución quiero decir donación. El Estado no existe para donar, sino para propiciar que las personas sean capaces de crear sus propios medios de subsistencia o que se acoplen a los medios que otros han creado a cambio de un salario suficiente. Cuando el Estado asume un papel que no le corresponde, crea ciudadanos idiotas y subvencionados, aparte de un entramado de corruptelas.

¿Qué es lo que ustedes pretenden? Hacer de la Constitución un texto rancio y sinsentido para la gran mayoría de los ciudadanos. Ustedes piensan que la razón de que ciertas personas no tengan dinero o que no hayan triunfado en la vida es el no haberse esforzado lo suficiente o el no haber sido obsequiados genéticamente con grandes dotes en determinadas áreas. Sin embargo, olvidan que muchos de los que poseen riquezas son personas que no cumplen las dos condiciones que acabo de enumerar, es decir, ni son unos portentos ni se han esforzado, así que su teoría no tiene ningún fundamento.

En cuanto a que los que son pobres lo son por la falta de talento y de esfuerzo, eso es también una falsedad y no hace falta caminar muy lejos para encontrar ejemplos refutatorios. No todos los pobres lo son por esas causas. Además, aunque alguien sea pobre por esas razones, ¿no habría que ayudarlos a encontrar un nuevo camino en sus vidas? Por otra parte, si no existe redistribución de la riqueza, ¿cómo va a ser posible que se dé una base social para la construcción de una igualdad de oportunidades no solo ideal, sino real? Como puede observar, la redistribución de la riqueza es esencial para la consolidación de una verdadera democracia.

—Entiendo lo que me dice, pero cada uno defiende su ideología. Nuestros votantes son mayoritariamente personas a las que no les favorece dicha redistribución porque tendrían que pagar más impuestos.

—Claro que tendrían que pagar más, lo que no es normal es que las grades corporaciones paguen menos, en proporción, que los menos pudientes. Además, no son ellos los que tienen que dictar las leyes, sino que son los gobernantes los que deben levantarse de la silla y comenzar a llevar a cabo una política verdadera. Ya sé que usted no lo va a hacer, pues usted no solo es una marioneta, sino que además es una marioneta ideologizada, vamos, que usted cree de veras que lo que hace es justo y bueno. Aunque entienda esto bien. No hay nada de malo en que existan grandes corporaciones. Tampoco sería bueno que pagaran en exceso, pues nuestro país no atraería nuevas inversiones. Siempre existe un punto medio. Lo que sí es perjudicial es que las decisiones políticas sean influenciadas por el poder que ejercen estas corporaciones.

—Que le vamos a hacer, cada persona tiene un punto de vista distinto sobre lo que es justo y sobre lo que es bueno para la sociedad. Para mí no es justo que los que más tienen paguen más impuestos, es así de sencillo. Además, los que más tienen son los que sufragan parte de los gastos de nuestro partido, tanto de manera legal, como ilegalmente. Así que lo siento, yo no tengo la culpa de que usted esté en esta situación y si, además, no quiere mi ayuda, ¿qué hace usted aquí?

—Ya se lo he comentado, he venido a ayudarlo. Estando en el bosque oí rumorear a los ruiseñores que usted no había cumplido ninguna de las promesas de su programa electoral. Aunque no es de extrañar, muchas de ellas eran solo promesas inalcanzables y otras muchas chocaban con los intereses potenciales de los que comparten su ideología. Así, mentira a mentira, consiguió hacerse usted con el poder en su país.

Lo que no comprendo es cómo no le da a usted vergüenza seguir en el cargo después de los escándalos de sobresueldos, financiación irregular y cohechos, algunos relacionados con usted. Pero vamos, teniendo en cuenta el tipo de persona que se mueve en su partido y en partidos similares al suyo, sabandijas lameculos sin pensamiento propio, es normal que usted considere ético seguir en el cargo después de tales escándalos.

—Creo que la conversación se nos está yendo de las manos— dijo el presidente—, no creo que sea agradable para nadie una discusión entre usted y yo.

Los medios de comunicación aquí presentes no querrán ser testigos de acusaciones infundadas de un personaje que dice que los ruiseñores del bosque le comentan lo que ocurre en nuestro país.

—Cuánta necedad hay en sus palabras, cuánta grosería en su tono de voz. Está hablando con alguien que es mil veces más sabio que usted, pues estoy más allá de los profetas, de los dioses y de los falsos ídolos. Cuando gentuza de su clase se hace con el poder, es el momento de apartar la nariz del aire pestilente. ¿Cuál es su grandeza? El engaño, la manipulación, la defensa de intereses privados. No sé cómo es que sigue aquí entre nosotros, no sé cómo el pueblo no se ha levantado aún para aniquilarlo en sentido político, pues no soy yo amigo de la violencia. ¡He perdido tanto al venir a hablar con usted!, no sabe lo bien que se vive al lado de un arroyo, donde los imbéciles impresentables no han puesto aún sus despreciables tentáculos, aunque todo llegará.

—Pero, dígame, ¿qué es lo que quiere?

—Quiero que comprenda que no existe ni el bien ni el mal en sentido absoluto. Quiero que comprenda que solo realizando buenas acciones las personas pueden ser verdaderamente felices. Quiero que comprenda que no se puede dejar llevar por el deseo y la codicia, por un sentimiento de poder exacerbado. La única forma de construir un gran país, y se lo digo a todos los presidentes venideros, es fomentando la defensa del bien común y la redistribución de la

44

riqueza, lo que permitirá una verdadera igualdad de oportunidades. Seguro que esto lo sabe muy bien, me refiero a lo último, pero no va a estar usted dispuesto a luchar por lo que es más justo que la justicia de la que usted habla.

Yo fui en el pasado una persona con poder fáctico, pero comprendí que el poder espiritual es el poder más útil para el ser humano una vez se han cubierto las necesidades esenciales. Por ello, cuando en las sociedades humanas las necesidades primarias están cubiertas, personas como yo somos especialmente útiles, ya que mostramos cuál es el camino hacia la felicidad. Pero claro, si las necesidades primarias no están ni siquiera cubiertas, que es a lo que nos ha llevado una política como la suya y la del partido en la oposición, entonces cómo puedo yo ayudar a los que nada tienen.

En esa situación, las personas no tienen oídos para la comprensión de los grandes argumentos, sino para el seguimiento de las políticas del miedo y la desesperación. Yo he conseguido a través de la práctica y el estudio ser feliz sin apenas posesiones profundizando en la paz mental. No siendo un esclavo de los deseos, de las necesidades y el miedo; pues esto te conduce a la infelicidad.

Así, tanto los pobres como los ricos pueden ser infelices, unos porque siempre quieren más o porque no encuentran su paz mental, otros porque carecen materialmente de lo fundamental. Tengo una solución para esta paradoja, si los ricos son infelices porque persiguen el deseo, por qué no cultivan la generosidad. Lo ve, a este nivel de nuevo es fundamental la redistribución de la riqueza. Aunque he de reconocer que muchas personas ricas son muy, muy generosas y en absoluto codiciosas. Por otra parte, la riqueza no es un medio en sí para alcanzar la paz mental, tampoco lo es el éxito ni la fama. La paz mental se alcanza desde uno mismo, en uno mismo. Esa es la gran dificultad.

—Sus argumentos no me convencen— afirmó rotundamente el presidente—. La mejor forma de obtener la felicidad es a través de la riqueza, por ello nosotros luchamos para conseguir el poder, para asegurarnos de que la riqueza sigue en nuestro bando.

—Veo que no ha entendido lo que he dicho, la riqueza no es la felicidad, tampoco el poder. Pregúntese si es usted más feliz que yo. Cuando lo vi esta mañana, comprendí que usted no es feliz, sino que está ocupado en asuntos mundanos que lo martirizan. No importa que tenga diez veces más de lo que tiene, ¿no daría todo lo que tiene por un momento de placer?, ¿no dejaría todo lo que tiene por el amor de los ciudadanos, por la verdadera admiración? No se da cuenta de que usted no es dueño de su vida. Por no hablar de su vida interior.

—Sí, pero yo al menos tengo el poder, gobierno y los demás acatan mis leyes. ¿Qué le parece, no es esto suficiente recompensa?

—Es usted penoso— respondió el Mendigo riendo a carcajadas—, ¡qué gobierna! No me lo puedo creer. Será que le imponen unas medidas políticas y usted dicta las leyes para que se adecuen a dichas medidas, ¿eso es gobernar? ¿Qué ha sido de la política? Usted solo obedece los dictámenes provenientes del gran continente, eso es lo que hace. Además de seguir favoreciendo a sectores como la banca, en esto no se agacha frente al gran continente. Por no hablar de su cruzada católica, ¿están pensando ya en reorganizar la Santa Inquisición?

Nosotros lo elegimos para que nos representara y usted representa a las grandes corporaciones y a los países más influyentes de Europa. Sí, usted sigue ganando el mismo dinero, pero es lastimoso verlo mover la cola cuando sus dueños europeos le tiran unos pedacitos de pienso al suelo para que coma en el lugar donde le corresponde.

Bien, ya no perderé más el tiempo con usted. Ya veo que no tiene oídos para las buenas palabras. Siga el camino del egoísmo y sumérjase en la casa del ego, continúe usted defendiendo los intereses de los que le pagan comisiones, enriquézcase a costa de la benevolencia y la paciencia de las personas de bien, maldito charlatán. No es usted digno ni de portar mis harapos.

—Bien— gritó el presidente—, llévense a este impertinente de aquí, ya hemos hablado suficiente y no creo que lleguemos a un entendimiento.

—No hace falta que sus perros se acerquen a mí, yo mismo partiré a ninguna parte, esa es la meta que me he fijado para lo que queda de día. Y vosotros, ¿no os da vergüenza ganaros el pan de esta forma cuando los justos mueren de hambre? No deduzcáis de mis palabras que siento ira hacia vosotros, todo lo contrario, os amo con todas mis fuerzas, pues sois los obstáculos necesarios para practicar la paciencia.

Y el Mendigo abandonó aquel lujoso centro comercial pacíficamente siendo escoltado por los agentes del orden, que, aunque sentían un impulso interno por golpearlo, algo imperceptible que fluía desde la conciencia del Mendigo paralizaba toda agresividad. Estando ya en la calle, se acercó hasta un jardín cercano y realizó una sentada de meditación para apaciguar su mente y pensar de manera más despierta sobre lo que acababa de acontecer.

Después de una hora aproximadamente, miró a las estrellas y así habló:

«¡Oh, Polaris!, algún día dejarás de estar situada en el norte, algún día girarás igual que todas las estrellas, la impermanencia lo inunda todo en esta perpetua combinación de átomos aparentemente eternos. Otras estrellas rivalizarán contigo y se situarán durante miles de años en la posición inmóvil con respecto a nuestro punto de vista, eso es lo que las hace grandes».

«Lo mismo ocurre aquí abajo, los hombres luchan por situarse en el lugar privilegiado que permite dirigir al resto de los iguales en la dirección querida. ¿Acaso será siempre así? ¿Quizá es inherente a la especie humana el intentar imponer una ideología? Si algún día una generación de personas naciera lo suficientemente valiente y paciente como para consensuar un rumbo, ¿eso no sería la verdadera democracia?».

«Hasta ese momento, sin embargo, deberemos luchar pacíficamente para encontrar un camino cada vez más justo. Y este presidente que gobierna según su ideología y, al mismo tiempo, a las órdenes de los países más poderosos y de lo que dictamina el mercado, qué lástima me da. ¿Habrá existido alguna vez un gobernante más superfluo? ¿Qué ha sido de la gran política? ¿Qué ha ocurrido con el viejo continente?».

«¡Cómo anhelo aquellos años de esperanza en el surgimiento de un mundo dirigido por humanos bondadosos! Pero ese sueño se ha esfumado, espoleado por la cruda realidad en la que seguimos siendo testigos de la cosificación del hombre, de la utilización del hombre como si se tratara de un tornillo sin sentimientos ni dignidad».

«¿De qué sirve la política si la dictadura del mercado ya ha fijado indefectiblemente el rumbo? ¿No surgió el mercado para satisfacer las necesidades de la humanidad? ¿Por qué ahora los papeles se han intercambiado, por qué somos nosotros los que debemos satisfacer las necesidades del mercado independientemente de nuestra salud y de nuestra felicidad? ¿Cuáles son los valores que impone el mercado, nos hemos preguntado verdaderamente eso?».

«He aquí el problema, nuestro deseo nos empuja ciegamente a través de un mundo artificial, de nuestro mundo, pues nosotros lo hemos creado. Lo que ocurre es que hace ya tiempo que nuestra creación se ha erigido señora de todos los humanos, diosa de los impermanentes».

Después de un breve espacio de tiempo en completo silencio, el Mendigo dirigió su mirada hacia otra parte del cielo nocturno en el que apenas se atisbaban pequeñas luces a causa de la contaminación lumínica de la gran ciudad y pronunció desde lo profundo las siguientes palabras:

«¡Viejas amigas! —refiriéndose a las estrellas de *Alfa Centauri*—, que cerca noto vuestra presencia, mucho más cercana que los corazones de muchas personas. Será que vuestros átomos y los míos están interconectados como ocurre con aquellas partículas de las que habla la física cuántica».

«No sé, pero el fulgor de esta gran ciudad no nubla el resplandor de vuestra grandeza. Que tenga que remontar el cielo para encontrar esta noche una compañía agradable, ¿no es eso desolador? Hacia esta situación nos empuja la velocidad vertiginosa de la nueva tecnología, demasiado rápido para nuestros lentos cuerpos».

«Ojalá algún día vuestro calor y el calor de nuestro Sol se alíen para bañar con amor la irracionalidad bajo nuestra conciencia o para darnos la energía suficiente para alumbrar el camino en esas profundidades tan esquivas. Aunque yo habito en esas profundidades, sé que hay muchísimas personas que no son capaces de liberarse del control de lo inconsciente. Así, viven solo una parte de la vida y no distinguen más allá de las convenciones sociales y los ideales religiosos, ni se acercan a lo que habita bajo la superficie de la conciencia».

«Pues en esto ha consistido mi práctica durante años, en aislarme del resto de los humanos para reconocer qué se esconde detrás de los pensamientos, en ir más allá de lo racional y adentrarme en el laberinto de lo siempre tabú. Solo cuando reconoces lo que existe en tus profundidades, te das cuenta de que una práctica diaria es necesaria para hacerse con el control de uno mismo».

«¿Qué quieren decir los humanos cuando afirman: 'yo opino esto', 'yo quiero hacer lo otro'? Son tantos los interrogantes. Pero partamos de un punto, el 'yo' es solo una ilusión, una creación humana que tiene lugar dentro de la cultura, la cual moldea, a su vez, los comportamientos y pensamientos que son posibles. Así, si reconociéramos que nuestras opiniones y creencias no son en realidad nuestras, si reconociéramos que existe una vida más allá de las ideologías, una vida para cuerpos desnudos de yoes absolutos, ¿no sería, por ello, más fácil encontrar un punto de encuentro en nuestros corazones?»

«Eso es lo que se debería hacer, ir más allá de las ilusiones, de las creencias que te conducen a la cerrazón y a la infelicidad, al aislamiento, pero sin crear nuevas ilusiones incluso más dañinas, como los dioses y sus castigos. No digo que haya que aniquilar el yo de cada uno, eso es imposible, pero sí que se debería reconocer su ilusoria existencia y contingencia».

«Si te buscas, te perderás, ese es mi diagnóstico. Porque cuando tratas de encontrar un yo descubres que no existe realmente, que lo que existe es una conjunción mente-cuerpo que fabula, que inventa, pero que está interconectada con todo lo existente, es decir, con la trascendencia. Esos infinitos mundos que existen, ellos son la trascendencia y nosotros, con nuestros ilusorios yoes, estamos interconectados a toda la humanidad y a esos infinitos mundos».

«Es cuando te adentras en el territorio de lo que mora más allá de la individualidad cuando te encuentras, porque eso es lo que realmente eres, éxtasis, religación con todo lo existente, unidad con el todo».

«Si pudieran todos los habitantes de esta ciudad durmiente conectar conmigo en ese nivel, ¿qué sentido tendrían los estereotipos y los prejuicios? ¿Qué sentido tendría el racismo y la xenofobia? ¿Qué sentido tendría el odio, las ideologías y las religiones que inventan dioses? Cuando te reconoces como una parte del gran todo, ¿qué sentido tiene dañar a eso de lo que tú solo eres una ínfima parte?».

«Situarse en la atalaya de la conciencia contemplativa, ese es un camino esencial para reconocer nuestro verdadero ser, que no es otro que la contingencia creativa que es testigo de la existencia. Pues nosotros somos los únicos espectadores en este mundo, espectadores que además también son, en parte, partícipes de su destino».

Y, durante horas, continuó el Mendigo en esos lugares de suelo metafísico, hasta que el pitido de los murciélagos recondujo el foco de observación de la conciencia al área de los sentidos, sacando al mendigo de aquel lugar propio de grandes exploradores. Se tumbó sobre la hierba, cerró sus ojos y durmió plácidamente.

EL BANQUERO

A la mañana siguiente, los potentes rayos del sol del estío penetraron a través de sus débiles párpados y lo sacaron de su letárgico estado. De nuevo los cantos de los pájaros aliviaron la pereza matutina, el jilguero, el verdecillo, el pardillo, el mirlo, el verderón; todos sonaban como una orquesta tocando *La oda a la alegría*.

El Mendigo se lavó en una fuente cercana y comió algunos frutos y raíces, miró a su alrededor y sintió la plenitud del instante, su conexión con todo lo existente. Después escuchó el griterío de un grupo de niños que jugaba en el mismo parque y se encaminó hacia ellos.

—¡Hola!, niños— dijo el Mendigo suavemente.

—¡Hola!, señor— respondieron todos los niños al unísono.

—¿Qué hacéis aquí a estas horas? ¿Es que no tenéis colegio?

—No, es domingo, de todos modos, pronto acabará, ya está aquí el verano— respondió alegremente uno de los niños.

—Pero es que no sabes que hoy es domingo— dijo otro en tono jocoso.

—Yo no me guío por vuestro calendario, en realidad no me guío por ninguno. Un día decidí vivir al margen del tiempo que os posee. Ya comprendo que vosotros habéis sido educados en la necesidad de medir el tiempo. No es una mala idea el medir el tiempo, aunque se debe tener cuidado porque puede que un día el tiempo te mida a ti.

—No entiendo lo que dices— balbuceó una pequeña niña.

—Digo que yo vivo al margen de vuestro tiempo, pero que sería inimaginable el hecho de vivir entre humanos que no miden el tiempo en ciudades como estas. Aquí la medición del tiempo es indispensable para poder vivir. Pero fijaos que, si os sentáis conmigo sobre aquella alfombra de hierba, comprenderéis que durante un rato podéis vivir al margen del tiempo y sus presiones.

Los niños lo siguieron hacia allí y todos se sentaron como les indicó el Mendigo, después les dijo que se concentraran en su respiración, solo y simplemente en su respiración. Y así estuvieron durante una media hora. Después les preguntó:

—Bien, ¿qué os ha parecido?

—No sé— dijo uno de ellos—, ha sido una sensación muy extraña. Por un momento, he sentido que tenía un cuerpo, que era cuerpo, no sé como explicarlo. Era como tranquilidad y concentración.

—¿Teníais la necesidad de conseguir algo? ¿Ansiabais algo? ¿Necesitabais algo?

—No —respondió otro—, era una situación que nunca había vivido, una sensación extraña. Sentía que tenía control sobre mí mismo, que era yo el que me dirigía, el que me observaba. Solo me he observado a mí mismo, mi respiración. Pero era muy difícil, cualquier ruido me distraía. ¿Lo volveremos a hacer?

—Quizás otro día. Puede que vuelva a este parque y, si nos vemos, sin duda que lo repetiremos. Lo que habéis sentido por momentos, pues la primera vez no es nada fácil, es la paz mental, la comunión entre la mente y el cuerpo, la comunión entre vuestro ser y todo el universo. Creedme, en ese estado el tiempo no tiene ningún sentido, comprendes que no es más que una creación de tu conciencia. Aunque exista un tiempo más allá de ella, el tiempo del presente eterno.

Por eso os he dicho que yo vivo fuera del tiempo, porque la mayor parte del mismo estoy en ese estado. A vosotros os dirán que el tiempo es oro, pues bien, yo os digo que el oro es la quietud mental, la ausencia de deseo. ¿Qué sentido tiene el tiempo cuando no eres esclavo del deseo ni de las emociones ni de los pensamientos? Bien, amiguitos, ahora debo irme, ya comprendo que mis enseñanzas no son todavía accesibles para vosotros, aunque la práctica que hemos realizado es necesaria para encontrar vuestro verdadero ser. Así, si queréis repetir esto que acabamos de realizar deberíais ir con vuestros padres a algún lugar donde enseñen meditación, eso os vendrá muy bien en el futuro.

—Sí, yo lo haré, quiero repetirlo— gritó uno de los niños con gran entusiasmo—. Entonces, ¿ya te vas?, bueno, adiós, espero volver a verte.

—No te preocupes, para el que tiene los sentidos abiertos todo está más cercano.

Y así se alejó de los niños y continuó su viaje a través de la gran ciudad. Esta vez, no corría el viento, así que no lo pudo guiar en su camino, por ello se guió por el sol. Deambuló por las grandes avenidas, divisó caros coches, observó lujosos escaparates y, después de horas de insoportable caminata, se sentó en la puerta de un cajero.

—Señor— una voz de hombre salió de entre los ruidos ensordecedores—, ¿qué esta haciendo aquí?, ¿no ve usted que esto es una sucursal de un banco y que los clientes necesitan entrar?

—Sí, ya sé que se trata de un banco, por eso me he sentado.

—Es usted muy gracioso, lo que ocurre es que este banco no es para sentarse.

—Hace tiempo que sé que los bancos como este no son para sentarse, aunque tampoco son para fiarse. Sabe, yo en el pasado tuve bastante dinero, pero decidí vivir sin ello porque me sedujo su poder. Cuando el dinero se convierte en la única fuente de alegría en tu vida, entonces ha llegado el momento de dejarlo a un lado.

—¡Vaya un aforismo! No tiene uno mejor, ese me ha parecido ridículo.

—Sí, tengo aforismos mejores, pero solo para los que tienen los oídos limpios y el corazón puro. Estoy a tu lado y siento una gran pena, porque solo veo un billete que habla. ¿Qué es lo que habéis estado haciendo en mi ausencia? Solo sabéis engañar a los pobres que no entienden de economía e incluso a los que entienden sois capaces de estafarlos. ¿Es a eso a lo que ahora se dedican los bancos?

Recuerdo un tiempo en el que los abuelos iban a los bancos como el que iba a confesarse a un viejo amigo, con total confianza. Pero ese tiempo lo habéis aniquilado con vuestro egoísmo y vuestra usura. ¿No os da vergüenza haber engañado a todos esos ciudadanos y haberles vendido productos bancarios que sabíais que solo conllevarían pérdidas?

Invertisteis donde no había que invertir y habéis pasado todas las pérdidas a unos pobrecitos que no se enteraban de nada, que confiaban en vosotros. ¿Y te preocupas porque no dejo pasar a los clientes? Cómo voy a dejarlos pasar si vuestras tácticas no han cambiado. Estoy aquí para comunicarte que es posible una vida mejor sin engañar a nadie, es posible ser feliz sin levantarte cada día ansiando un poco más de dinero procedente de la sangre de los débiles.

—Yo no soy el responsable de nada de eso, yo solo acato las órdenes de mis superiores, ellos son los que dictaminan lo que debemos hacer los trabajadores. Así que no me vengas con sermones.

—Eres un ser repugnante, vampiro del inframundo. Ahora te escudas en tus superiores. Me da igual que lo hayas hecho para ganar más dinero o simplemente por el acatamiento de órdenes. En el segundo caso, ¿no tienes libre albedrío? ¿No sabes diferenciar entre lo que está bien y lo que está mal? ¿No es repugnante engañar a personas, muchas de ellas mayores y enfermas y sin ningún conocimiento del tema?

Sé que es muy complicado escapar al poder del grupo, pero ¿qué otra cosa te queda si no quieres ser un autómata? ¿Cómo va a funcionar una sociedad si el sistema financiero está en manos de personas que o no tienen escrúpulos o no tienen el valor de denunciar lo que está ocurriendo? Eres una masa de carne sonámbula, ese es tu estado vital. Lo peor de todo es que existen en este país muchos que son como tú, que apestan a carne podrida sin conciencia.

—Así que la culpa es solo nuestra. Vaya, ¿y qué me dices de los políticos?, ¿no tienen una gran parte de culpa?

—Claro que la tienen. No todos, claro, pero sí los máximos responsables del gobierno tanto central como de las comunidades autónomas. Pero que alguien más sea responsable no te hace a ti ser menos responsable, lo único que demuestra es que ya habías estado valorando el asunto y diciéndote a ti mismo: *¿qué importa?, otros lo están haciendo, ¿qué más da? Después de un tiempo, todo volverá a la normalidad.* Seguro que ésos eran tus razonamientos, escudándote en la compartición de la responsabilidad, lavando tu conciencia en falsos pretextos. Lo ves, sigues aquí trabajando, defendiendo tu sucursal y tu banco, sigues sin reconocer que no eres más que un zombi educado por los superiores para ser así, un mal banquero y un mal ciudadano.

—Puede que sea un mal ciudadano, pero no soy un mal banquero, mi banco ha ganado muchísimo dinero por mí.

—La finalidad del banquero no es solo ganar dinero sin atender a las consecuencias a largo plazo, estás en un sistema económico y lo que hagas dentro de él repercute en todo el sistema ahora y en el futuro. ¿No te das cuenta de que si muchos piensan como tú y hacen lo que tú haces, al final el sistema bancario se colapsa y, por tanto, toda la economía del país? ¿No es la finalidad del sistema financiero crear las bases para que la economía funcione de una manera efectiva? ¿No es el aceite necesario para engrasar las bielas de la economía?

Últimamente, habéis olvidado vuestra tarea fundamental, prestar dinero para que las personas y las empresas puedan llevar a cabo sus actividades, esa es vuestra tarea, la cual lleva inherentemente anexa la posibilidad de ganar dinero a través de los intereses.

Lo que ocurre es que pretendéis ganar mucho más dinero por otros medios, asumiendo riesgos que hacen peligrar todo el sistema social a través de una ingeniería financiera que muchos de vosotros ni siquiera comprendéis. Qué digo, ninguno de vosotros podéis predecir a largo plazo cuáles serán los efectos de muchos de los productos financieros y de las políticas de la usura. ¿Quién conoce la concatenación de las causas? Pero ahí seguís, con cláusulas abusivas, con la mentira, con la estafa.

—Bien, ¿y qué puedo hacer yo?

—¿Que qué puedes hacer? Comienza por ser humano y no solo un autómata. Comienza por decir no a la injusticia, rebélate contra tus jefes, escúpeles a la cara cuando te ordenen que engañes a indefensos ancianos, no te dejes llevar por tu deseo ni por la cobardía. Eso es lo que puedes hacer. Ser valiente y bueno, ¿no es eso digno de admiración? Sé que has admirado durante años a aquellos que te ofrecían dinero a cambio de vender tu alma, pero también sé que, muy en el fondo, los odias. No es el dinero lo que realmente te libera, no son los aumentos de sueldo, nos son las comisiones, ¿no lo entiendes? ¿No preferirías ganar un poco menos y, a cambio, saber que lo que estás haciendo es útil para la sociedad?, ¿no te irías a casa a dormir tranquilo después de haber ayudado a una pareja de ancianos a encontrar el mejor modo de invertir su dinero?

Después de estas preguntas del Mendigo, hubo un momento de silencio, el banquero bajó la cara, miró durante un largo rato al suelo y comenzó a sollozar como un niño que acaba de ser reprendido por sus padres, después enjugó su rostro y dijo:

—¡He aquí el hombre que he estado esperando! Se había apoderado de mí la abulia universal, la falta absoluta de energía, ahora me reconozco por fin en mi bondad. Tengo que buscar los valores adecuados.

—¡Por fin! —exclamó el Mendigo dando un salto para levantarse del escalón del banco—, has renacido de tus cenizas, has comprendido que dentro de ti habita la bondad. Abre tu corazón sin ningún temor y desecha la avaricia y la molicie. ¿Comprendes ahora mi mensaje, comprendes ahora el daño que has hecho a tus iguales?

—¡No puedo pensar en ello! —respondió el banquero completamente destrozado—, no sé cómo he podido hacer algo semejante.

—En verdad te digo que no lo has hecho solo tú, por ello, no es momento de fustigarse con el sentimiento de culpa, hay autoridades en este país que son mil veces más responsables que tú. Ahora es el momento de encontrar la paz mental y de marcarte como meta el ayudar a aquellos que sufren, la lucha contra las injusticias. Ahora que has despertado, que comprendes tu unión fundamental con todos los seres humanos, la compasión será el motor de tu vida.

Cuando uno comprende que el sufrimiento ajeno es exactamente igual que el sufrimiento propio, cuando uno lo siente con su corazón, ¿qué sentido tiene todo el oro del mundo? Bienvenido al mundo de la riqueza espiritual. ¿No te apetece ser partícipe de la construcción de un nuevo tipo de banca, de una banca que no engaña y que se preocupa por invertir el dinero en causas humanitarias o en empresas con intereses humanitarios? Ve, amigo, en la dirección que te he marcado, se responsable de un futuro mejor y no el cómplice de un presente desastroso. Una cosa te pido, recuérdame siempre como tu despertador, no como un Mesías, pues yo solo despierto en las personas lo que antes ya tenían.

—Bien, seguiré todos tus consejos, hoy hablaré con mis superiores para comunicarles que dejo este trabajo. Probaré en un banco que hay cerca de aquí en el que llevan una política como la que tú relatas y, aunque no tengan un puesto para mí, haré todo lo posible para que bancos como este crezcan y derroten a la banca usurera. Veo que te marchas ya, muchas gracias por todo.

—Gracias a ti por darme la oportunidad de practicar la paciencia y por haber tenido el valor de mirar de cara a la vida. Adiós, amigo.

Y el Mendigo se marchó caminando con la misma sonrisa en la cara con la que se había sentado en el escalón del banco, como si en el ínterin nada hubiera ocurrido, ecuánime, imperturbable. Paseó durante horas entre la gente y un señor le ofreció una patata caliente rellena con todo tipo de vegetales y salsa, la cual el Mendigo aceptó con gratitud.

Poco a poco, fue picoteando la patata y se dio cuenta de lo afortunado que era, pues tenía algo que llevarse a la boca, a diferencia de millones de personas en el mundo. Terminó de comer y se dirigió al banco que vigilaba la política económica de aquel país, se quedó aturdido por la belleza del edificio y observó una bola dorada que reluciente reflejaba los últimos rayos del ocaso, lo que provocaba un efecto visual parecido a un fuego centelleante.

Permaneció en silencio durante un largo intervalo de tiempo y después dijo:

«Cómo se atreven estos comediantes a utilizar la figura del sol como su insignia, piensan que con poner ahí encima una bola dorada todo resplandecerá. Qué triste es la historia del hombre, siempre alabando falsos ídolos».

«No tuvieron bastante con el tulipán o con el aluminio, siempre buscando algo en lo que invertir su dinero, algo que solo tiene un valor subjetivo y que con el chasquido de los dedos vuelve a costar lo que siempre debería haber costado».

«Aunque cierto es que los que creyeron que el aluminio siempre sería más caro que el oro, tenían al menos la excusa de que en un primer momento era muy difícil de conseguir. Pero que más le da todo eso a una persona que está más allá de las posesiones materiales».

«Dame cubiertos de madera o unas manos limpias y seré el hombre más feliz del mundo. Lo demás no son más que idioteces de pequeños hombres que pretenden aparentar que son grandes a través de sus caras posesiones. Si me dan a elegir entre una bola de oro del tamaño de la que está ahí arriba o una bola de luz resplandeciente que soy capaz de crear desde la atalaya de mi conciencia, sin duda que elegiría la segunda».

«El problema es que muy pocas personas son capaces de crear un estado interno de tal riqueza y por eso piensan que a través del aumento de las posesiones serán capaces de rellenar ese vacío. Sin embargo, la persona más rica del mundo seguro que puede atestiguar que, si bien el dinero lo ayuda a realizar un gran número de cosas que sin él no se pueden llevar a cabo, la paz mental no se alcanza a través del dinero ni a través de un gran número de posesiones».

«Puede que en un primero momento el espejismo de la consecución de los deseos perseguidos durante años proyecte una visión del mundo satisfactoria, pero pronto esa quimera se esfumará cuando los problemas surjan de nuevo independientemente de todo lo que se posea. Un día fallece un ser querido, otro día se acaba una relación o un matrimonio, otro día te diagnostican una grave enfermedad, otro día no le encuentras sentido a la vida, otro día te das cuenta de que eres esclavo de la fama, otro día eres adicto a mil sustancias».

«En esas situaciones tiene ventaja el que haya trabajado en construir a través de una práctica diaria un ser interno capaz de navegar a barlovento, esa es la riqueza de la que hablo y que no se puede comprar con todo el oro del mundo».

«No sé cómo en este país sigue habiendo gente que se dedica a estafar a todos los demás, incluso a los más desfavorecidos. Llegan a los bancos y solo quieren ganar cada día más y más dinero, como si esa fuera la finalidad de su vida o la finalidad de una entidad bancaria, la cual finalmente arruinan porque acaban estrangulando a la ciudadanía, que es la que deposita el dinero en las entidades».

«No sé cómo puede haberse establecido esta situación de anomia social, en la que los valores se han invertido y los usureros son apoyados por los poderes públicos, mientras que los ciudadanos honrados son vilipendiados y perseguidos como verdaderos criminales».

«Estando en el bosque, cerca del arroyo de agua cristalina, recuerdo al zorro trayendo un maletín repleto de dinero, me lo ofreció a cambio de ser una marioneta de los que ostentan el poder. Me negué a aceptarlo diciéndole que en aquel lugar no necesitaba para nada ese dinero, pues para qué quieres un exceso de dinero cuando no eres dominado por la corriente perturbadora del deseo desbridado».

Y así continúo el Mendigo durante uno minutos hasta que la voz de una hermosa mujer lo sacó de su estado meditativo.

—Perdone, ¿se encuera usted bien? He estado observándolo y debe de llevar aquí de pie más de una hora sin mover un solo dedo. Si necesita ayuda, yo puedo echarle una mano. Trabajo en una asociación que se dedica a dar cobijo y comida a personas que están en su situación. ¿Me escucha?

—Sí, claro que la escucho. Creo que me ha confundido usted con un pobre. Yo he elegido esta forma de vida, vivo así porque quiero, aunque no me vendría mal dormir una noche en compañía.

—Bien, pues venga conmigo, esta noche dormirá usted en una habitación con varias personas que están en su situación.

—Le vuelvo a repetir que yo he elegido esta vida, a si que mi situación no es comparable a la de esos pobres hombres y mujeres. De todos modos, si de verdad quiere ayudarme, ¿por qué lo hace a través de una asociación? Déme usted cobijo y algo de comida en su propia casa, ¿siente quizá miedo o vergüenza por ayudar a un desconocido que solo porta andrajos?

—Nunca me habían dicho nada parecido, y eso que llevo muchos años dedicándome a esto de manera altruista. No siento vergüenza, pero sí miedo. ¿Cómo pretende que lo deje entrar en mi casa si no lo conozco?

—No me has mirado ni escuchado lo suficiente para percatarte de que en el fondo eres *yo*. No temas, pues jamás he hecho daño a nadie ni abusado de ningún ser. ¿No ves la bondad en mis ojos? Yo también he venido a esta ciudad a ayudar a sus habitantes a aliviar el sufrimiento y a encontrar la felicidad a través de un cambio de sus estructuras mentales. Yo me dedico a curar el interior de las personas, de manera similar a como hacen los psicólogos, pero con años de práctica personal y de estudios metafísicos. Yo ya he sido multitud de veces y he me aquí de nuevo, delante de ti, ¿no es acaso hora de compartir lo que tienes con aquel que ha dado todo a sus semejantes?

—No lo puedo creer— respondió la bella mujer—, pero me ha convencido, venga usted a mi casa y comparta conmigo de igual a igual todo lo que tengo, eso sí que es verdadera generosidad.

—Lo ve, eso es la verdadera generosidad, no solo el dar limosnas y realizar donativos, sino el tratar de resolver las verdaderas causas de la pobreza con la colaboración de aquellos que la sufren.

La pareja se dirigió a la casa de la amable mujer, una casa modesta, pero acogedora. Allí vivía sola con un perro agresivo, según le fue contando al mendigo por el camino. Al llegar al piso, abrió la puerta y tranquilizó al animal, el cual estaba confuso debido al olor extraño que emanaba desde detrás de la puerta.

Repentinamente, el Mendigo asomó parte de su cuerpo y el perro se zafó de su dueña y se acercó hasta él. Saltó con intención de morderlo. El Mendigo lo sujetó por el collar y lo tiró al suelo, de la misma forma que había observado que los lobos del bosque hacían con sus compañeros de manada, apretando firmemente su cuello, pero sin lastimarlo.

El Mendigo respiró tranquilamente y enfocó su atención en su propia respiración, expulsó de su cabeza cualquier emoción negativa y después de unos instantes, el perro comenzó a jadear, como si hubiese estado corriendo durante horas, liberando una gran cantidad de energía proveniente de sus impulsos agresivos.

Lentamente, fue relajando la fuerza con la que sujetaba el cuello del animal contra el suelo, como si su mano fuera una boca que se va abriendo, así el animal sintió el dominio ecuánime de este ser humano y aceptó desde aquel momento su presencia y su mando. Entonces el Mendigo soltó al perro y sin volver la vista atrás pasó por encima de él y se dirigió pasillo adelante hacia el salón, en cuya puerta se encontraba la bella mujer con cara de miedo y perplejidad, y se sentaron en sendos sillones.

Después de un rato de conversación, la mujer propuso al mendigo que se diera una ducha mientras ella preparaba la cena. El Mendigo accedió. La ducha no duró mucho, se afeitó, se vistió con la ropa que le había dejado la mujer y salió de allí con gran satisfacción en dirección a la cocina.

—Pero, ¿eres tú? —dijo la bella mujer mientras se le caía lo que tenía en las manos—, pareces otra persona. Tu cara me resulta conocida.

—Pues soy el mismo con otra cáscara. Deja de mirarme así, hacia tiempo que nadie me miraba así. No porque me moleste, es que tu mirada ha cambiado.

—Lo siento, es que eres muy atractivo. ¿Qué le voy a hacer? He estado muy ocupada últimamente y hace tiempo que no me fijaba en un hombre.

—Pues creo que ha llegado la hora de comunicarnos a través del tacto, del olfato y del gusto. Por fin voy a completar el verdadero camino de la espiritualidad, que va más allá de la comunicación de la palabra y del ascetismo interno. Es solo a través del reconocimiento de nuestra carnalidad como podemos convertirnos en verdaderos seres espirituales, pues el cuerpo es espíritu. No es acaso tu clítoris una vía de acceso a tus profundidades, pues déjame adentrarme por los siglos de los siglos.

Fue de este modo como transcurrió aquella mágica noche, en la que el descendiente de los grandes hombres y mujeres se precipitó como lluvia esperada en un campo seco. La bella mujer quedó prendada de la donación de sexualidad que surgía de aquel cuerpo curtido en las escarchas de la gélida montaña, de aquella mente abierta a todas las capacidades del cuerpo para dar y sentir placer sexual y espiritual. Qué lejos quedaban los oscuros predicadores de la castidad en aquellas alturas.

EL SACERDOTE

A la mañana siguiente el Mendigo se levantó, se despidió besando la mejilla de la joven sin que esta se despertara, pensando que algún día se volverían a encontrar. Bajó a la calle y se acercó a la puerta de una iglesia, se sentó allí a tomar un poco el fresco, pues la mañana era demasiado calurosa. Veía a las personas entrar y salir, unos por fe y otros por curiosidad. Las abuelas cuchicheaban sobre este nuevo indigente que había venido a pedir limosna, ¡parecía tan guapo a pesar de sus jirones! No se había acercado a la iglesia para convencer a nadie, solo necesitaba un poco de descanso. Pero la cosa se torció.

—Buenas, hermano, bienvenido a la casa del señor— dijo un anciano cura—. ¿Necesita usted algo? Yo puedo ayudarlo tanto a nivel material, como a nivel espiritual.

—Buenas, hermano, no necesito en estos momentos nada material. En cuanto a lo espiritual, no creo que usted pueda ayudarme, pues tiempo ha que renunciaron al espíritu.

—¿Cómo? No, esta es la casa del Señor, ¿cómo íbamos a renunciar al espíritu?

—Lo ve, han renunciado al espíritu, si no, ¿por qué llama usted a esto la casa del señor? Yo ya fui en el pasado. Mírame fijamente a los ojos, ¿no ves que estás hablando con el Verbo? Mi conciencia ha viajado de cuerpo en cuerpo, ahora estoy aquí, pero yo mismo revelé lo que tú sabes. El problema es que haces lo contrario de lo que revelé.

—Sí, sí, sí. Otro loco más que viene aquí a hacerse pasar por un predicador, otro que nos trae la buena nueva. Estoy ya cansado de charlatanes como usted que intentan convencernos de que ellos son los verdaderos seguidores de Cristo.

—Yo no soy ningún seguidor de Cristo, yo soy su conciencia migrada. Miro esta iglesia y no me parece para nada la casa de Dios, de aquel Dios con el que fingí hablar para que aquellos hombres me siguieran por el camino del amor. Pues debe saber que en cada cultura se debe hablar de una manera determinada para guiar a los hombres por el buen camino. Si las personas son felices creyendo en Dios, me parece bien. Si necesitan creer en Dios, me parece perfecto.

Yo mismo me di cuenta de la fuerza de este concepto. Sin embargo, ¿qué han hecho ustedes con las enseñanzas? ¿Para qué estos grandes templos? ¿Para qué una institución que pretende hacer política? No recuerdo que mi conciencia os haya enseñado nada parecido.

—Bien, bien, ya veo que usted no solo viene a predicar, sino que cree ser el Mesías. Pues déjeme que le diga que las cosas cambiaron cuando usted murió, que la única forma de que la Iglesia prosperara fue a través de la institucionalización. Sé que nos convertimos en lo contrario de lo que usted predicaba.

—Yo no fui el cuerpo ungido, fui su conciencia. Mi conciencia dijo que Dios estaba dentro del corazón de cada uno, que no era necesario poseer grandes palacios ni grandes edificios, no había que realizar extravagantes rituales. Yo prediqué con el ejemplo, fui sacrificado por vosotros. Un cuerpo murió entonces, pero no la conciencia. Ahora, cuando veo este templo, si bien me alegro de que algunas personas encuentren aquí cierta paz, no me identifico con él.

—No sé, tampoco es demasiado grande ni ornamentado, solo con algunas imágenes tuyas— se mofaba el sacerdote— y otras de la Virgen.

—Esa imagen da miedo, yo fui vida y aquí solo veo y huelo muerte. Yo fui vida, yo amé a una mujer. Viví junto a los pobres porque me compadecí de su situación. Inventé la revelación para crear unos nuevos valores basados en el amor universal y en la compasión.

Siendo Shakyamuni, ya había hablado del amor que todo lo envuelve y de la necesidad de aliviar el sufrimiento de todos los seres vivientes. ¿Es eso lo que os preocupa ahora? No sé, cuando os veo hablar sobre la sociedad no creo que defendáis a los pobres, más bien defendéis el dogma que en nada se parece a lo que yo prediqué. Mira mi situación, sentado en la puerta de una iglesia, con ropa vieja, sin posesiones, ¿de veras crees que no soy el soy?

—El que es, es solo uno, está en los cielos.

—Por favor, no me vengas con ese cuento, cuando viví entre sumerios ya estaba inventado. No existe nada en los cielos, no hay el cielo ni el infierno. Tuve que hablar de ello porque aquellas gentes solo me seguirían si hablaba de esa manera, si inventaba un mundo más allá de la muerte, tan desdichada era su existencia que ya no les valía con la promesa de ser el pueblo elegido o de vivir en este mundo eternamente como conciencia que migra.

Sin embargo, vosotros habéis utilizado mis enseñanzas para debilitar su espíritu, para inculcar el miedo, solo para eso. Las utilizáis para manipular sus estados de ánimo y así aseguraros de que seguiréis siendo los mensajeros de Dios, los que alivian las penas de los impermanentes, los que les esparcen la promesa de la eternidad escatológica a cambio de seguir el dogma y de donar algo de dinero. Vosotros habéis utilizado mis enseñanzas en vuestro beneficio, sinceramente, creo que no os importan ni la felicidad de las personas ni su paz mental.

—La palabra de Dios es sagrada porque Dios se hizo hombre para revelárnosla.

—Ya te he dicho que yo soy el que soy, deja de decirme lo que Dios hizo. Te vuelvo a repetir que la cosa se me fue de las manos, que no quería llegar a ese nivel de gregarismo y dogmatismo. Da a los hombres una mentira estúpida para seguir viviendo y harán de esa razón el motivo fundamental de su existencia. Da a los hombres una verdad grandiosa para no seguir viviendo y cerrarán sus oídos con presión inhumana.

—Está bien, supongamos que usted fue en otro tiempo el Mesías, ¿cómo puede probarlo?

—No hace falta que pruebe nada, ya habrá alguno que invente una historia sobre la veracidad de lo imposible. Se ha hablado tanto de mí que no me reconozco, no sé quién es ese del que habláis. Y lo que es aún peor, ponéis en mi boca argumentaciones falaces. Pero ya está bien de cháchara, ha llegado el momento de partir.

—No, de eso nada —gritó el sacerdote— debemos aclarar las cosas. En la parte de arriba hay un cónclave, ¿por qué no me acompañas y les cuentas a mis hermanos tus graciosos cuentos?

Ambos entraron en la iglesia y el Mendigo pronto noto que le faltaba el aire, que aquella atmósfera no se parecía en absoluto a la que había dejado en la montaña. Subiendo unas estrechas escaleras, el Mendigo dijo para sí:

«Qué ciego está este sacerdote, no ver en mí a aquel al que tanto ama, Dios está en el corazón de cada hombre. Lo que ocurre es que, si aceptan esto, ¿para qué sería necesario su trabajo como intermediarios entre Dios y el resto de las personas? Yo, que derruí templos, ¿cómo pueden utilizar mi imagen para construirlos?"

LOS FUNDAMENTALISTAS RELIGIOSOS

Al terminar las escaleras, giraron a la derecha, no por casualidad. Entraron en un amplio salón repleto de imágenes tenebrosas y oscuras, el ambiente de aquel sitio era realmente asfixiante. Olía a polvo y a cuerpos putrefactos. Todas las sillas estaban ocupadas por momias parlantes, con hábitos negros y sonrisas mefistofélicas. El Mendigo se dirigió a una ventana y, sin mediar palabra, la abrió completamente.

—¿Tiene usted calor? — le preguntó uno de los sacerdotes.

—No, simplemente temo morir envenenado. No sé a qué huele aquí, pero de lo que emane este hedor no está vivo.

—Bien, hermanos— dijo el sacerdote que había acompañado al mendigo hasta aquel polvoriento lugar—, aquí os traigo a un personaje que dice ser el Mesías. ¿Qué os parece? Esperemos que los no nacidos no conozcan personas cómo esta.

—Los no nacidos— repitió el Mendigo—, sí, me han contado que se preocupan mucho por ellos últimamente. Incluso más que por los pobres y por las madres que los portan. ¿Qué tendrán los niños que tanto os gustan, ya sean los no nacidos, como los de carne fresca y jugosa?

—Nosotros defendemos la vida, por eso queremos que las mujeres no aborten. Abortar es matar a un ser humano.

—Qué fácil es predicar cuando se está muerto, cuándo nada se arriesga, ¡vosotros, los predicadores de la muerte y la resurrección! Yo también defiendo la vida, no solo la humana, sino todo tipo de vida, pues todos somos los impermanentes. Existe un principio ético, no matar a ningún ser vivo. Sin embargo, debéis entender que ese principio ético es una regla general y que se deben tener en cuenta las circunstancias en las que el principio ético se desenvuelve. ¿No sé si me seguís? Además, debéis aclarar primero que es un ser humano, ya que vosotros habláis de los cigotos como si se tratara de seres humanos, lo cual es una completa estupidez. Eso que está ahí en esa etapa está vivo, son células vivas, algo digno de respeto, pero no es aún un ser humano.

—Ninguna circunstancia te exime de la obligación de no cumplir con un principio moral— gritó una de las momias.

—Siento discrepar con usted en dos cosas— respondió pacientemente el Mendigo—, yo no estoy hablando aquí de principios morales, sino de principios éticos. Lo que yo defiendo es una ética universal, mientras que las morales no pueden ser por principio universales, pues están ancladas a una cultura y a unas circunstancias, aunque algunos de los principios morales sean universales.

Por otra parte, el principio ético de no matar es algo que se puede respetar incluso matando a un ser vivo o matando a otro ser humano. Sí, ya sé que parece contradictorio, pero es así. Imaginen una persona que está siendo golpeada repetidamente por otra con una barra de hierro, ¿no tiene esa persona el derecho a la autodefensa y la protección de su vida, no tiene derecho a protegerse incluso violando el principio ético de no matar?

Ya ve que han sido las circunstancias las que han obligado a nuestro amigo o amiga a actuar así, ya que su vida corría peligro, ¿no es la vida lo que pretende defender el principio ético de no matar? He aquí la paradoja, que este principio se puede aplicar desde distintos puntos de vista que quizá sean contradictorios, así que el principio depende para su aplicación de las circunstancias.

Por cierto, no sé cómo no entienden que el principio de no matar puede respetarse incluso matando, ustedes durante siglos estuvieron defendiendo el principio y quemando, al mismo tiempo, personas en la hoguera por no acatar sus estúpidos dogmas.

—Pero Dios prohibió el aborto, no solo el acto de matar en general, sino específicamente el aborto— argumentó otra de las momias.

—Sí, ¡no me diga! ¿Dónde? Léame un solo fragmento de la Biblia o del Nuevo Testamento donde se diga explícitamente que Dios prohíbe el aborto. Además, ¿cómo puede usted probar que es Dios el que ha dicho lo que en esos textos se recoge? Ni en esos textos se prohíbe el aborto ni son tampoco utilizables para probar la validez de ningún argumento, ya que su validez depende de la fe, no de la evidencia.

—Si usted interpretara los textos con nuestra sapiencia, se daría cuenta de que Dios prohíbe el aborto.

—Sí, son ustedes unos sabios hermeneutas, aunque mejor sería decir listos y taimados. Ustedes interpretan los textos de tal manera que favorecen sus propias creencias. Es como cuando observamos un cuadro abstracto, cada uno ve lo que ya existe en su mente y lo interpreta según sus conocimientos y creencias. Sin embargo, ustedes lo hacen a propósito, tergiversan las Escrituras para apoyar sus dogmas apolillados.

—¡El aborto es un asesinato! —chillaban al unísono las momias.

—Bien, estoy de acuerdo, pero ¿qué aborto? Todos los abortos, la provocación de un aborto al día siguiente de la fecundación, a la semana, a las dos semanas, a las tres semanas, al mes. Una niña de 14 años que quiere abortar porque no sabía realmente cuáles eran las consecuencias del acto sexual. Una mujer que quiere abortar porque ha sido violada. Una mujer que quiere abortar porque se ha detectado que el feto presenta serias malformaciones o porque tiene algún tipo de problema con el que ella considera que no es justo que su hijo nazca. Una mujer que tiene un alto riesgo de morir si da a luz.

El aborto es una desgracia, estoy de acuerdo, pero hay que valorar muy bien la situación de la madre y las circunstancias que rodean el acto mismo de abortar. No se debe acusar a nadie de asesinato, especialmente ustedes. Además, la madre es la dueña de su cuerpo, eso a lo que ustedes fingen renunciar. La última palabra la tiene la madre, no el Estado ni ustedes, sino la madre. Obviamente, a partir de cierto número de meses el aborto es impensable, ya que lo que hay dentro sí se puede considerar un niño, pero hasta entonces dejen ustedes elegir a las madres, falsos exegetas.

—¡Esto se ha convertido en la cultura de la muerte! —chilló desde el fondo otra momia—. ¿Qué nos dice de la eutanasia?

—¿La cultura de la muerte, dice? Ustedes son los que han estado predicando durante milenios la cultura de la muerte y la resurrección, de la vida escatológica. Ustedes son los que no pueden comprender la riqueza de esta vida, de la vida en la Tierra y en el cuerpo. Últimamente, dicen que defienden la vida, ¿qué extraño me parece que los oscuros defiendan la vida? Ustedes defienden los dogmas, eso es lo único que defienden, porque no pueden vivir más allá del dogma, en el lugar sagrado donde los valientes humanos descubren valores y crean nuevos sentidos para la existencia.

Lo que usted está criticando, la eutanasia, no es la defensa de la muerte, sino la defensa del derecho a morir dignamente y del derecho a la libre elección de ese momento. Pero como en los dos casos anteriores, se deben tener en cuenta todas las circunstancias y la historia de la persona, contextualizar, eso es lo que ustedes no hacen.

Son ustedes esencialistas dogmáticos, por ello, no tienen en cuenta ni las capacidades ni los derechos individuales de los existentes para guiar su vida de manera autónoma. Solo tienen en cuenta valores objetivos, objetivos solo para ustedes, que pretenden imponer al resto de los humanos afirmando que son esencias absolutas, valores sagrados. Déjenme que les diga que el cuerpo es tan sagrado como el espíritu, pues el espíritu es en el cuerpo, solo en el cuerpo. No existen mundos espirituales poblados de seres bondadosos, sino esta tierra poblada de seres imperfectos que luchan por sobrevivir. Somos cuerpos con conciencia y reconocemos los principios éticos que surgen ya de lo biológico, no es necesario inventar esencias objetivas.

—Los valores que existen los creo Dios junto con nosotros, están más allá de nosotros— gritaban los predicadores de la muerte.

—Los principios éticos que existen provienen de lo biológico, están basados en los comportamientos primarios que la evolución ha programado en los seres que pueblan estos valles. Nosotros podemos nombrarlos, podemos luchar por ellos, podemos adornarlos con guirnaldas de oro, pero son de carne y hueso, como vuestros rancios espíritus. ¿No veis acaso cómo se comportan las especies?

El hombre, al ser el único animal que en parte se hace a sí mismo en sus decisiones, se ha desviado del camino y ha creado la cultura. He aquí la paradoja, el hombre vive en la cultura, no vive en la naturaleza. Nuestra cultura solo ha tenido que adoptar tales principios universales, que ya estaban presentes en la naturaleza como hijos de la evolución natural. Sin embargo, al mismo tiempo que la cultura adopta estos principios, los adorna y los presenta como creaciones humanas o divinas, además de que entre nosotros están los que se dedican a inventar excusas de lo más variopintas para tener la oportunidad de violarlos. Yo no veo mal que adoréis dioses ni que penséis que los principios son esencias absolutas, más allá de todo cambio y no procedentes de la evolución, pero que impongáis dogmas, eso no lo tolero, sino que lo rechazo enérgicamente.

—Dios da la vida y es el único que puede quitarla— gritaban las momias.

—Ni Dios da la vida ni es el único que puede quitarla. Dejad de inventar argumentos falaces, dejad de basar vuestros argumentos en premisas que dependen de la fe. Sois capaces de creer en Dios y creer en la existencia de la nada al mismo tiempo, no he visto cosa más absurda. Toda persona tiene derecho a decidir si ha llegado la hora de la despedida, siempre y cuando esté en plenas facultades. El sufrimiento sin sentido, sin salida, solo por sufrir, hay personas que no lo toleran, déjenlas en paz.

Además, momias impías, ustedes se dedican a inocular pequeñas cantidades de sufrimiento para debilitar las mentes de sus seguidores. Deberían haber seguido las enseñanzas de mi conciencia en el pasado para hacer fuertes a los hombres y derrotar el sufrimiento a través de la práctica en el estado de paz mental, solo alcanzable a través de la meditación que incluye el cuerpo y la mente como unidad.

—Es usted un ateo. Una persona que odia la religión— chilló una momia con la mandíbula desencajada y los ojos fuera de las cuencas.

—Sí, soy un ateo, ¿y qué? ¿No tengo acaso derecho a amar la vida y los seres, las montañas y los ríos? ¿No tengo acaso derecho a vivir bajo la protección de mi propia conciencia contemplativa? Yo poseo mi propio método para aliviar el sufrimiento, he derrotado ya mil veces el miedo a la muerte y a la vejez, a todo tipo de trauma o evento desagradable. Sin embargo, no consiento que me diga, repugnante ser del inframundo, que yo odio la religión.

¿Piensa usted que no existen religiones sin dioses? He me aquí, yo creo en la unión esencial de todos los seres y de todo lo existente, de lo vivo y de lo muerto. Yo creo en la religación de todo lo existente con todo lo existente, trascendencia de infinitos universos. Así, ¿no ve usted que estoy más allá de los dioses y de los que creen en ellos? Cuando uno ha vivido en zonas de deshielo, cuando uno ha respirado el aire puro de montañas, cuando uno ha probado el manjar de un arroyo de agua pura, cuando uno se ha sentado sobre sí mismo durante eones, ¿qué le importa si existe Dios, si hay castigos o paraísos escatológicos? La autodisciplina ha sido mi fiel consejera, entre sombras del inconsciente he viajado en mis investigaciones internas, más allá de la frontera de lo racional, donde el pasado, el futuro y el presente se disuelven en el instante que es corriente eterna, más allá del tiempo de la conciencia dormida.

—Es usted un maldito blasfemo, ¿cómo se atreve a presentarse en la casa de Dios a decirnos que viene usted en su nombre? No es usted nada más que un hijo de esta loca época en que vivimos, en la que incluso los homosexuales y las lesbianas se pueden casar, ¡esos enfermos!

—Sí, ya sé que para usted ellos son solo unos enfermos, de esos que necesitan su cura espiritual a través del rezo y la fe en ese Dios tan bondadoso. ¿Mejor sería quizás que tuvieran ustedes las manos libres de nuevo para volver a descargar sobre ellos la agresividad contenida, la sexualidad demonizada? ¡Cómo les gustaría de nuevo ser los dueños únicos de los espíritus de los súbditos!, ¡cómo les gustaría que se postraran hasta sangrar por los siglos de los siglos!, ¡cómo les gustaría reconducirlos a la opción sexual *normal* a través de duros castigos físicos y psicológicos!

Hablan ustedes de la ley natural, de que esto va en contra de la ley natural, esa que Dios creó. El hombre no solo es naturaleza, también es cultura, y en la cultura existe la posibilidad de elegir la opción sexual que a uno le plazca, el genero no es determinante de la sexualidad que cada uno considere como la suya en cada momento. Por otra parte, ¿quién ha probado que por naturaleza no se pueden tener tendencias homosexuales? Ya de nuestra genética puede que provenga cierta disposición hacia orientaciones sexuales que no son propias del género.

—¿Y por qué no con un caballo? —, reían los oscuros mientras mostraban sus dientes afilados.

—Eso sería un abuso, pues un caballo no puede elegir libremente. De todas maneras, me pregunto de qué se ríen ustedes. Han estado tapando durante milenios todo tipo de escándalos. ¿Qué ha ocurrido con muchos de sus compañeros, es que no tienen clara su orientación sexual? Creo que no han entendido bien el mensaje de mi conciencia cuando decía: *dejad que los niños se acerquen a mí*, señores, ¡era solo metafórico!

Gracias que muchos de ustedes están más allá de esas prácticas e incluso alguno se atreve a denunciarlo, pero la institución en sí deja mucho que desear. Embisten como toros salvajes a aquellos que quieren casarse porque se aman simplemente porque no toleran otro tipo de orientaciones sexuales que son tan dignas como las que ustedes consideran normales. Sin embargo, callan como cómplices cuando los pederastas de sus congregaciones abusan de pobres criaturas sin ningún tipo de protección, solo pieles sensibles que sus sucias garras enquistan por siempre.

—No nos acuse a todos de lo que algunos hacen— dijo enfadado uno de ellos.

—No, claro que no, muchos de ustedes no son pederastas, faltaría más. Pero la mayoría de ustedes no ha hecho nada por denunciar públicamente a sus compañeros, por ayudar a los niños a defender su honor y su vergüenza. Hipócritas, heraldos de emociones negativas.

—Ya está bien, por la Virgen María— dijo una de las momias un poco más joven. No podemos hablar de otro asunto menos controvertido, hermanos, porque tiene razón este loco en lo que está diciendo, algunos de nosotros no comprendemos la postura oficial de la Iglesia en este punto, y no solo en este, sino también en los anteriores. Ya sé que me arriesgo mucho al hablar aquí, abiertamente, de lo que pienso, que me enviarán al pueblo más remoto y nunca podré ocupar ningún puesto importante dentro de la jerarquía, pero, por el amor de Dios, reconozcamos que ciertas cosas deben cambiar. ¿A quién seguimos, a Jesús o al Papa? Esa es la gran disyuntiva que desde hace tiempo me quita el sueño.

—¿De qué estás hablando? —gritó el obispo, mientras todos los oscuros fruncían el ceño.

—Oh, hermano—suspiró el Mendigo—, por fin, un poco de aire puro entra a través de esa tenebrosa ventana. Ya imagino que has estado callado tanto tiempo por miedo a represalias. Tú, que tienes un corazón abierto al mundo heterodoxo, ¿qué piensas del papel de la mujer en la sociedad actual? ¿Crees que la postura oficial dc la Iglesia es acertada?

—No, en absoluto, no solo en la sociedad, sino también en nuestra institución el papel de la mujer deber ser tan importante como el del hombre. Lo que ocurre es que nuestra institución es patriarcal y quiere imponer esta forma de entender las relaciones entre los géneros al resto de los órdenes sociales.

—Ya veo, pero algún día tendrán que permitir a las mujeres ser parte de los órganos de decisión, pues ya está bien de pensar que Dios solo se comunica con los hombres para el gobierno de la institución. Una mujer Papa, eso sería un buen punto de partida. Y uno más importante aún es dejar de catalogar a Dios como si fuera un ser masculino, pues eso es una tremenda injusticia y una estupidez. Obviamente, durante siglos esto les ha proporcionado el monopolio del poder, esa es la respuesta más evidente y contundente, aunque ustedes siempre pueden inventar otra para desmentirla. Cuando en el pasado hablé así de Dios, lo hice porque no tenía más remedio. La sociedad no me hubiese escuchado. Ahora, sin embargo, la sociedad está preparada para un Dios sin género.

Y en la sociedad, fuera de las instituciones eclesiásticas, ¿qué me dicen? Ya está bien de tratar a la mujer como algo secundario, como algo que está ahí para servir al hombre, como un útero con patas. Ya sabemos todos que la sociedad actual exige que los hombres y las mujeres trabajen y que eso ha tenido sus repercusiones, buenas y malas, pero ¿qué le vamos a hacer? Las mujeres tienen los mismos derechos que los hombres, incluso el derecho al trabajo. Dejen que la mujer elija cuál es su papel, si es que las condiciones socioeconómicas se lo permiten y el Estado las ayuda en este sentido.

—La mujer es la que debe encargarse del cuidado de los niños, eso es lo que mejor hace— rebatió uno de los presentes.

—Sí, es una de las cosas que hace, pero esa no es su razón de ser. Deje usted que ellas elijan libremente lo que quieren hacer con sus vidas, que tomen sus decisiones con sus maridos o compañeros, o con quien sea, dialogando sobre lo que es adecuado o no para el niño y para ellos. Siempre y cuando quieran y puedan tener niños, claro.

—¿Y qué me dice de la promiscuidad imperante y del libertinaje omnímodo? —intervino airadamente el mismo contertulio.

—La sexualidad es parte de la vida, la sexualidad es tan sagrada como el espíritu, pues el cuerpo es espíritu. Cierto que, si la sexualidad no está acompañada de madurez y conocimiento, no es sexualidad de primera categoría, eso es algo en lo que se debe trabajar. Pero va a ser tarea difícil, especialmente, si ustedes siguen haciendo tanto daño y desinformando a las personas sobre la necesidad de la sexualidad.

La sexualidad es una necesidad, algo que se debe satisfacer, toda castidad predicada contra ella no es más que pura fábula. Fíjense en ustedes y en sus pensamientos sombríos, esos pensamientos que tienen sobre sus húmedas sábanas. Las personas tienen derecho a conocer y reconocer su cuerpo a través de todos los sentidos posibles. Lo que para ustedes es fornicar, para mí es solo el tañido de campanas que anuncian el encuentro entre dos cuerpos-mentes. Ojalá algún día dejen atrás sus votos de castidad, seguro que ese día comenzarán a encontrar un mundo más allá de sus cuerpos putrefactos y sus espíritus pestilentes.

Casualmente, en aquel mismo instante comenzó a oírse el repicar de las campanas del templo, había llegado el momento de partir para todos los presentes en aquel aquelarre. Todos menos el Mendigo tenían una cita con el ritual. Pero antes de marcharse, el Mendigo se acercó a la puerta, cerró el paso y dijo solemnemente:

«¡Oh, arroyo de agua pura!, baña con tus limpias corrientes las mentes de los hombres que aún no han tenido el valor de ser humanos, verdaderamente humanos. Ayúdalos a reconocer su cuerpo como parte integrante del viaje en este mundo, el único que conocemos, negador de la nada que predican».

«Permíteles encontrar la felicidad, aunque no piensen como yo, pues no quiero mal a nadie que no siga mi camino. Esa es la verdadera grandeza de los que conocemos los arcanos. Sé que ellos también luchan contra el poder del deseo, pero aún les queda la difícil tarea de realizar una práctica diaria de meditación y estudio, no de dogmas, sino de la apertura a todo lo existente, a través de la única herramienta que poseemos, la mente-cuerpo».

«Todos los grandes hombres y las grandes mujeres de todos los tiempos, compadeceos de estos oscuros, los cuales esconden tras sus hábitos inconscientes repletos de sentimientos reprimidos. ¡Oh, Eros!, ayuda a los castos en su camino de regreso al monte de Venus, quizá algún día se arrepientan de no haber vivido enteramente y comiencen un nuevo camino de sagrada carnalidad».

Una vez dicho esto, se dio la vuelta y bajó las escaleras de camino a la puerta del templo, al pasar cerca de la pila bautismal reparó en la quietud del agua bendita y dijo en voz alta a todos los que estaban presentes:

«Pobres de aquellos que piensen que esta agua estancada tiene algún poder, pues si está un día más en ese recipiente que la paraliza, no será otra cosa que veneno. Suban ustedes a las montañas, donde los arroyos bajan directamente del cielo con agua cristalina, siempre fluyentes, como la esencia de los infinitos universos».

Cuando hubo terminado de hablar, abandonó el templo y allí dejó a los parroquianos con caras de asombro y enfado, pues ese indigente se había atrevido a blasfemar sobre el agua bendita. Salió del templo y paseó por sus jardines circundantes mientras comentaba para sí mismo:

«Por fin, un poco de aire menos impuro. Estaré aquí paseando, a pesar de este sofocante calor, prefiero morir de sed que entrar de nuevo en ese templo. Debo realizar una sentada de meditación, creo que han conseguido inundar mi mente con pensamientos negativos. No me imagino que sería de mí si estuviera constantemente entrando en ese lugar».

El Mendigo buscó una sombra y se sentó sobre la hierba todavía húmeda del riego matutino. Allí estuvo un largo rato apaciguando su mente y envolviendo en amor a aquellos que acababa de dejar.

LA NEOLIBERAL

Después de haber alcanzado el estado de ecuanimidad, se puso en pie y se dirigió al centro de la ciudad, caminó entre edificios oficiales, llenos de esplendor y adornos, enormes construcciones, pirámides de la gran urbe.

«Qué gran ciudad, todos estos edificios estatales y de la comunidad y del ayuntamiento, la pregunta es: ¿para qué? No sé qué sentido tienen estos mastodontes cuando muchos no pueden permitirse un mísero capricho. Mira ese indigente, tumbado sobre esos cartones, ¡qué contraste! Sus únicos amigos son ese cartón de vino y los zapatos de los transeúntes que mueven un poco el aire a la altura del suelo. ¿Esto es lo que llaman el Estado del Bienestar?».

El Mendigo se acercó al pobre que estaba sobre los cartones e intentó hablar con él. El indigente le lanzó una piedra y el Mendigo tuvo que retirarse:

«Pobre. He llegado demasiado tarde. El alcoholismo se ha apoderado de él. Necesita cuanto antes la ayuda de grandes profesionales. Hoy no me escuchará. Yo no hago milagros».

Después de una larga caminata y un calor insoportable, decidió nuestro amigo sentarse a la sombra en una terraza en la que caía agua desde un circuito de tuberías que habían colocado en el techo. Se acercó velozmente el camarero:

—Perdone, no se puede sentar ahí si no tiene dinero, tiene usted que consumir, son las normas.

—Bien, lo siento, entonces me sentaré con ella— dijo el Mendigo mientras se levantaba y se sentaba en una mesa contigua ocupada por la ex presidenta de aquella comunidad.

—Pero ¿qué hace? —gritó la ex presidenta—, esta es mi mesa, además, ¿no has oído al camarero? Si no consumes no puedes sentarte.

—No, no y no. La he reconocido, ¿no fue usted la que dijo que la ley se hace a medida? Sí, lo recuerdo muy bien, si un inversor multimillonario venía a este país a montar un gran tinglado relacionado con el juego, entonces ustedes modificarían las leyes solo para él. Así que he copiado su forma de entender la ley y aquí estoy.

—Parece que a usted le interesa lo que ocurre a nivel político, no se preocupe por esas cosas, de esas nos encargamos nosotros, por eso nos han elegido.

—Sí, claro, eso es lo que les gustaría, que les dejaran hacer a su antojo, como han venido haciendo durante tantos años. Pues nada, voy a estar aquí sentado hablando con usted un buen rato. No me importan las normas de este sitio ni las leyes de este país, pues no son iguales para todos, así que no tienen ninguna legitimidad, ni las leyes ni los que las dictan.

—Pues quédese aquí, se morirá usted de sed, yo no soy de las que comparte su dinero con los pobres. Sin embargo, he de decirle que yo fui elegida por el pueblo y eso hace que legítimamente pudiera dictar las leyes.

—Usted fue legítimamente una representante, pero eso no significa que usted gobernara legítimamente ni que las leyes sean justas y constitucionales. Me pregunto qué tipo de constitución existe en este país donde legítimamente se pueden crear leyes por capricho y se puede legislar contra los intereses de la ciudadanía.

—Si no le gusta puede usted marcharse. A nosotros nos iría bastante mejor si vagos como usted se fueran a enterrar sus huesos a otras tierras. Son demasiados gastos los que debemos afrontar con el dinero público.

—Sí, ya me he fijado en la grandiosidad de los edificios públicos. También en el dispendio que supone mantener una cadena de televisión pública para insultar a la ciudadanía, mentir, adoctrinar y manipular. ¿No es eso lo que ha estado haciendo usted con su cadena autonómica durante años? Vaya, ahora parece que quiere reducir gastos y culpa a los ciudadanos de que han estado malgastando, ¿y qué me dice de usted?

—Eres un asqueroso mendigo que está ensuciando mi mesa. Ojalá todos los de tu clase fueran borrados de la faz de la Tierra, pues eso es lo único que os merecéis. ¿No sois libres como nosotros para labrar un futuro digno? Si no lo habéis conseguido es que no lo merecéis, no esperéis mi limosna. El Estado no se puede ocupar de vosotros, de hecho, debería reducirse lo máximo posible.

—No todas las personas tienen las mismas oportunidades ni están dispuestas a ganar un dinero que no se merecen. Si todos hubiéramos partido de un estado de igualdad original, entonces tu argumentación tendría algo de sentido, solo algo. Debes entender que yo he elegido esta forma de vida, durante un tiempo he decidido vivir el sufrimiento de los que menos tienen, esto me ayudará a construir un mundo mejor a través de la paciencia.

En relación a que el Estado debe ser reducido aún más, no estoy de acuerdo con usted. ¿Dónde está la banca pública, esa que eliminasteis para repartiros el pastel? ¿Dónde están las cajas, las que no eran ni privadas ni públicas y que os las apropiasteis y arruinasteis?, ya veo lo que entendéis por reducir el Estado. ¿No es eso lo mismo que tenéis planeado hacer con la sanidad y la educación? Sí, para vosotros es muy conveniente que el Estado adelgace, os quedáis con el solomillo para hacer negocio y lo que quede, eso ya para el Estado, que lo paguen los ciudadanos con sus impuestos.

Tú me dices que el Estado se debe reducir y, sin embargo, has estado cobrando más que el presidente del gobierno, ¿no ves lo paradójico de esta situación? Lo que dices y lo que haces no coincide. ¿Por qué no suprimiste la cadena autonómica, hipócrita?

—Se acabó, ya no aguanto más a este miserable, ojalá te mueras esta noche apaleado por esos perros que alimenté y dejé actuar a sus anchas en manifestaciones, y cuya ideología comparto, aunque no públicamente.

—Sí, váyase a buscar la protección de aquellos a los que hizo favores a través de su cargo público, yo mientras practicaré la paciencia deseándole lo mejor.

Según decía esto, la señora se levantó, tiró algo de dinero encima de la mesa y se marchó con paso ligero y con la cabeza bien alta. El Mendigo esperó unos segundos, se dirigió hasta el camarero y le dio el dinero. Cuando se iba, el camarero le gritó y le dijo que sobraban tres euros, que si los quería. El Mendigo no miró atrás, siguió su camino impasible.

Ya estaba oscureciendo, así que buscó un parque donde meditar, comer algunas raíces y frutos, beber agua de una fuente y dormir. Después de haber meditado, y bajo la luz de una inmensa luna, pensó:

«Sé que no todos los humanos son capaces de sentir compasión por sus semejantes, no solo por la ideología de la que son víctimas, sino también por su egocentrismo y egoísmo innatos. No todas las neuronas espejo brillan con la misma intensidad cuando se observa el sufrimiento ajeno».

«Desde hace tiempo sospecho que la naturaleza humana no es en sí ni buena ni mala, sino que cada individuo está preprogramado para ser bueno o para ser malo, para ser egoísta o para ser generoso, además de la gran influencia que ejerce la educación y el ambiente en el que se desenvuelven nuestras vidas».

«Me temo que convencer a personas de este tipo sobre la necesidad de redistribuir la riqueza o sobre la obligatoriedad de cumplir las leyes y la universalidad de las mismas es algo que está más allá del alcance de los que son como yo».

«¿Cómo se puede convencer a alguien de la necesidad de la generosidad cuando cree que el egoísmo individualista es el motor que debe impulsar la sociedad? Muchos son en este país los que piensan como esta señora, aunque son también muchos los que no predican con el ejemplo».

«Yo no creo en la estatalización de la sociedad, en un papá estado que todo lo abarca. Sin embargo, sí creo que algunos utilizan el Estado como negocio y solo rebañan lo que conviene a unos cuantos que quieren quedarse con ello para enriquecerse».

EL CIENTÍFICO

A la mañana siguiente, los pajarillos de nuevo despertaron al mendigo con sus amables gorjeos y trinos. Este los recompensó recogiendo ortigas y cardos y subiéndolos a las ramas de los árboles, donde los pajarillos esperaban hambrientos después de una noche agotadora, pues un gato había estado merodeando por aquel parque, provocando que revolotearan unos contra otros.

Comió algunos frutos y bebió agua algo más fresca que la de la noche pasada, después de horas sin sol las tuberías se habían enfriado y el agua refrescaba de nuevo la sedienta garganta. Lavó su cuerpo con meticulosidad y meditó durante unos minutos. Repleto de energía, plantó sus pies en el pavimento y comenzó la caminata en busca de nuevas personas a las que contar lo que creía saber. Después de unas horas cruzándose con los transeúntes sin que apenas éstos repararan en él, un hombre se paró delante del Mendigo y le ofreció algo de dinero:

—Gracias— respondió el Mendigo—, pero una limosna es lo que menos necesito. Estoy intentando esparcir un mensaje y a cambio solo pido algo de compañía, pues mi práctica no es completa si no me abro al mundo.

—Lo siento, lo vi así vestido y pensé que necesitaba ayuda, por cierto, ¿qué mensaje desea esparcir?

—He vivido sin compañía humana durantes años en una montaña, cerca de un arroyo y he aprendido a dominar el deseo, una de las causas más importantes de la infelicidad. Soy el residente de la paz mental.

—Sí, eso está bien, pero la ciencia está realizando muchos progresos, así que para las personas que puedan permitirse los últimos inventos, si bien no pueden tenerlo todo, sí que pueden satisfacer gran parte de sus necesidades, por ello, aunque su práctica es interesante, no veo en qué puede ayudar a los pudientes de hoy.

—Pues se equivoca, quizás mi forma de entender la vida sea más adecuada para curar el espíritu de los que más tienen, pues son los que más dominados se encuentran por el deseo. Quien nunca tuvo nada, se conforma con poco.

—Pues, la verdad, visto así tiene más sentido lo que usted dice. Mire, yo soy científico y cada vez se están produciendo más adelantos tecnológicos que demuestran que la vida en el futuro será más fácil. Incluso se está trabajando en la prolongación de la vida humana individual, ¿no es increíble estar cerca de la inmortalidad?

—La inmortalidad ya existe, lo que ocurre es que ustedes viven bajo la prisión de su propio yo. Así, al ver la existencia a través del agujero de su ombligo, no comprenden la grandiosidad de la que forman parte. Cuando uno es capaz de percibir la trascendencia del todo, ¿qué sentido tiene la inmortalidad individual?

—No entiendo lo que dice, ¿cómo que la inmortalidad ya existe? Nosotros morimos, eso es un hecho, no puede usted negarlo.

—Yo ya he sido muchas veces, aunque en distintos cuerpos. La especie humana lleva existiendo muchos eones, por no hablar de la vida sobre la Tierra. Todo lo que es necesario para la vida pasa a la siguiente generación, por eso es necesaria la muerte de los individuos particulares.

El ser humano como especie tiene dos formas de vivir en el instante eterno, ese que siempre perdura. Por una parte, su dotación genética, por otra, su conciencia. En los distintos cuerpos que surgirán, una parte de los que vivieron perdura. Y lo más importante, la conciencia que crea la cultura y la cultura que crea la conciencia, ¿no es esto una totalidad inmaterial carnalizada en individuos concretos que está más allá de nuestros yoes y que sobrevive a nuestras muertes particulares?

El yo es una creación humana, una ilusión, una falta de perspectiva que nos sitúa en el centro del mundo, pero si todos fuéramos el centro, no lo seríamos verdaderamente ninguno. La única solución a esta contradicción es comprender que en realidad nuestros yoes son solo una ilusión, en parte necesaria, pero que tiene efectos secundarios nocivos en el camino hacia la felicidad.

—Mi yo no es una ilusión, es tan real como mi cuerpo.

—Amigo, su cuerpo es otra ilusión, pero de eso ya hablaremos. ¿De verás cree que es usted el que se emociona, el que piensa, el que inventa? Las emociones, por ejemplo, no son más que mecanismos que la especie humana ha ido forjando a través de la evolución, las emociones no son suyas, son de la especie.

Puede pensar que es usted el que se emociona, sin embargo, lo que ocurre es que las emociones se efectúan en los individuos particulares, a través de mecanismos biológicos, y su conciencia le hace creer que es usted el responsable de la emoción cuando se percata del surgimiento de alguna. Intente no emocionarse o intente crear una emoción y después otra y otra, ¿a ver si es usted capaz de que las emociones surjan a su gusto? Puede que algunas surjan, ya que el pensamiento racional puede crear emociones a través de la imaginación de estados vitales o se pueden causar emociones a través de la imitación de procesos fisiológicos como la sonrisa, pero de nuevo verá que las emociones no son verdaderamente suyas, de su yo.

Las emociones surgen y desaparecen, y si no tienes cuidado lo que te puede pasar es que te arrastren y pierdas completamente el control. Imagine que siente miedo, ¿no es el mismo miedo que sintió un soldado romano antes de la batalla, su alegría no es la misma que la que sintió un esclavo judío al ser liberado, la tristeza de un palestino al que han expulsado ilegalmente de su casa no es igual que la tristeza de los judíos del éxodo?

Las emociones están más allá de los cuerpos y las mentes individuales, las emociones no son su yo. Aunque usted podría decirme que el pensamiento sí es su yo. Pero ¿de veras cree que sus pensamientos son suyos o que pensar es lo mismo que poseer un yo? Los pensamientos no son suyos, los pensamientos están ahí como una corriente que fluye y de la que usted posee apenas control.

Por otra parte, ¿no le parece que los seres humanos somos esencialmente unos plagiadores de pensamientos? Los pensamientos se transmiten a través del lenguaje, de las imágenes, de la música, pero no son verdaderamente nuestros, se carnalizan en nosotros por un tiempo, viajan de cuerpo en cuerpo, de mente en mente, pero en realidad pertenecen a la especie, creadora de la cultura.

El yo mismo es un pensamiento que surge de una corriente canalizada a través de un mismo cuerpo, día tras día, prisma de la realidad circundante e interna, es un pensamiento central, pues en él y por él creemos que tienen lugar los demás pensamientos. De hecho, puede que exista una base biológica y cerebral para esto, para esta narración de nuestra propia vida a través de un protagonista-guionista.

Se trata de una fabulación inherente al lenguaje y a la forma en la que el cerebro-mente construye y se adapta al mundo. El yo es una ilusión necesaria, pero no deja, por ello, de ser una ilusión. Eso sí, de vez en cuando surgen en las singularidades que somos cada uno de nosotros nuevas formas de pensamiento, pensamientos novedosos sobre el mundo. De igual modo que es también en el individuo singular donde se producen las adaptaciones a nivel biológico, adaptaciones que introducen en la especie nuevas derivas evolutivas.

Si no fuera así, entonces nuestra forma de comprender el mundo nunca cambiaría y nuestra especie permanecería siempre igual biológicamente hablando. Como ambas cosas contradicen la experiencia, es claro que lo novedoso debe surgir de algún sitio. Ese lugar donde surge lo novedoso es la singularidad del individuo, es decir, el sí mismo que somos cada uno de nosotros, algo único e irrepetible, pero al mismo tiempo perteneciente a la especie.

—Pero ¿de qué está usted hablando? No he entendido nada de lo que me ha dicho. Su pensamiento es tan metafísico que para mí no tiene ningún significado. Yo necesito pruebas, experimentación, teorías contrastadas. Cada día me despierto por la mañana y ahí está mi yo, beso a mi mujer y ahí está mi yo, como y ahí está mi yo, voy al trabajo y ahí está mi yo, me alegro y ahí está mi yo. Eso son pruebas contundentes de la existencia del yo.

—Se equivoca, eso solo prueba que usted es consciente de que cada día hace esas cosas o de que le ocurren esas cosas, pero eso no significa que exista verdaderamente un yo, que el yo no sea en sí solo una ilusión. Su mente crea un yo y usted solo es consciente del resultado final de la creación, no del proceso en sí. El proceso es la prueba de la creación del yo a través de la invención, pero el proceso está más allá de la conciencia y tiene una base biológica, por ello, no nos percatamos de que el yo es algo inventado.

—Antes le he exigido la contrastación empírica de sus elucubraciones, sin embargo, yo no he contrastado realmente mis creencias sobre la existencia del yo. Nuestra ciencia se ocupa de lo universal y de esclarecer las causas, pero nos hemos negado a estudiar el interior de nuestra mente a través de una práctica de autointrospección, consideramos en el pasado que no era posible el conocimiento científico en ese ámbito.

—De hecho, el conocimiento del que hablo no es científico, es un conocimiento basado en una práctica milenaria de autoobservación desde la atalaya de la conciencia contemplativa. De él no surge el desvelamiento de unas causas que puedas tocar ni leyes universales que expliquen el funcionamiento interno del cerebro. Sin embargo, le aseguro que sí ayuda a comprender que ciertas creencias son solo ilusiones y que algunas de ellas son incluso obstáculos que no nos permiten alcanzar la paz mental y la felicidad.

Los estados mentales son eso, estados mentales, no hay experimentación posible para probar si los tuyos son exactamente como los míos, pero sí que existe la posibilidad de controlar el poder que ejercen sobre nuestra débil voluntad a través de una práctica-estudio que en nada se parece a lo que se enseña en vuestros centros educativos.

—Sí, la verdad es que esa manera de entender el conocimiento de uno mismo no es algo que se haya fomentado en nuestra sociedad. Pero usted ha dicho antes que el cuerpo es también una ilusión. Eso sí que no me lo creo y no pienso que sea capaz de convencerme.

—Lo primero que he de decirle es que nuestro cerebro reconstruye la realidad. Esto lo sabe usted igual que yo, así que realmente no sabemos cómo son nuestros cuerpos en realidad, especialmente porque el concepto de realidad absoluta es algo inalcanzable para nosotros en la forma natural en la que nos movemos por el mundo a través de nuestros sentidos y por medio de las interpretaciones mentales de esos datos.

Por otro lado, ya desde hace milenios el hombre ha sospechado que existen partículas, tan diminutas que están más allá de nuestra vista. Son esas partículas y sus relaciones lo que se nos escapa, aunque no podemos olvidar que están ahí y que constituyen nuestros cuerpos y todo lo que nos rodea.

En el mundo humano, las relaciones entre esas partículas de la materia no es algo que nos importe demasiado, no nos importa si nuestros cuerpos están compuestos por ellas. Ello es porque en lo biológico existen relaciones que van más allá de lo inerte hasta formar lo viviente. Lo viviente, o la química biológica, está gobernado por otras leyes, aunque en su base se den relaciones también atómicas y cuánticas.

Las relaciones que se forman entre las partículas que componen lo biológico crean algo completamente mágico, la emergencia de propiedades potencialmente poderosísimas y novedosas con respecto a las relaciones que solo crean lo inerte. Una de las propiedades que surge de lo biológico y que hasta ahora solo sabemos de un ser que la posea es la conciencia.

Pues bien, nosotros solo apreciamos lo que nuestros sentidos nos permiten apreciar, además de que esos datos están siendo interpretados por nuestro cerebro-mente, por lo que se crea una distorsión esencial entre lo que existe y nuestra capacidad de captarlo en esa manera en que ello realmente es o existe.

Hay al menos tres niveles en esa distorsión, primero, nuestros sentidos nos ofrecen solo una parte de la realidad que percibimos, segundo, nuestro cerebro interpreta esa parcela de la realidad propia de nuestros sentidos humanos según los condicionantes que nos han sido impuestos evolutivamente, tercero, la cultura propia y el lenguaje influyen también en la forma en que interpretamos mentalmente aquello que nos rodea.

Así que vayamos de nuevo al ejemplo del cuerpo, que es lo que nos interesa. Un cuerpo es una cantidad inmensa de átomos, de átomos y moléculas que se han formado de una manera que hace que las propiedades del cuerpo no sean solo inertes, sino también biológicas o vivientes. Como nuestros sentidos solo pueden captar la parte de la realidad que ha resultado esencial en nuestra supervivencia, debido al proceso de la selección natural, nosotros captamos el cuerpo según el tamiz que nos imponen los sentidos.

Los datos procedentes de los sentidos, al mismo tiempo que son captados a través de los mismos, son ya interpretados por nuestro cerebro-mente. Lo que nosotros conocemos del cuerpo hasta aquí es una recolección de datos parcial e interpretada. Pero es que, además, como nuestra mente se construye a través del lenguaje y vive en una cultura, esto hace que todo lo anterior sea de nuevo reinterpretado, no en otra etapa de tiempo diferente, sino al mismo tiempo, lo que ocurre es que yo las he diferenciado para aclararlo.

En ese sentido, digo que el cuerpo es una ilusión, realmente existe algo que es el cuerpo, pero nosotros no podemos decir con toda certeza qué es eso que existe, está más allá de nuestra experiencia, aunque sí que podamos hacer una reconstrucción mental a través de nuestro pensamiento y lo que nos aportan las teorías científicas.

De todos modos, debe entender que he partido de los átomos para no profundizar demasiado en el problema. Imagine que le digo que los átomos están formados por partículas que aparecen y desaparecen como por arte de magia, es este nivel de la materia, donde no se sabe a ciencia cierta lo que es materia y es energía, donde en un lugar en el que no había ninguna partícula esta puede aparecer, ya sabe usted, eso de las fluctuaciones cuánticas, es en ese nivel, repito, donde se unen esas partículas diminutas y extrañas para formar los átomos.

Partículas que no tienen apenas consistencia y que no pueden sobrevivir por sí solas más que tiempos que para nosotros son despreciables, y que, paradójicamente, son las que se unen para formar los átomos, sí, aquello que dura prácticamente una eternidad. En este sentido, la base de lo prácticamente eterno es algo inconsistente y fugaz,

¿no es eso una bella paradoja y, al mismo tiempo, una broma que nos gasta el mundo en el que moramos?

Pero nosotros solo percibimos el resultado, así que no me negará que lo que percibimos se asemeja mucho a una ilusión, no tan evidente como la del yo, pero una ilusión, al fin y al cabo. Si la base fundamental de lo que percibimos no es más que el latido fugaz de espectros de materia-energía, ¿no vivimos, por ello, en una ilusión desde el mismo comienzo?

Sin embargo, no piense usted que yo creo que existe una separación insalvable entre el cuerpo y la mente, y entre la mente y los cuerpos más allá del nuestro. Obviamente, desde el punto de vista de la conciencia común, parece que la mente es una cosa y el cuerpo otra distinta, pero eso es solo algo superficial. La mente es cuerpo y el cuerpo ya es en sí algo mental.

Lo mismo se puede decir de todos aquellos cuerpos que nuestra mente capta como existentes en el mundo circundante. Nuestra mente y los cuerpos que están más allá del nuestro forman parte de una unidad indisoluble, forman parte de un todo universal. Lo que ocurre es que nuestra mente tiende a categorizar y analizar todo lo existente, compartimentando lo que está más allá de la mente como algo extramental, como algo que tiene una existencia más allá de nuestra mente.

Ahora bien, si pensamos sobre esto, pronto nos percatamos de que eso que está más allá de nuestra mente es en sí algo mental. Del mismo modo, nuestra mente es en sí algo material. No existen una mente y un cuerpo separados, ni una mente y unos cuerpos circundantes como unidades aisladas. El ser humano existe en un todo, es parte del todo, nuestra mente no es una excepción.

—¿Eh? —balbuceó el científico—. Espere un poco que me recupere, necesito asimilar esta información. Sí, comprendo el cuadro que quiere pintar, es un cuadro complicado y bello, pero un cuadro que asusta. Si la base de todo es un fluir, si la base de lo aparentemente eterno es un fluir de *quasi*-partículas que aparecen y desaparecen, entonces ¿no es un abismo lo que existe en el fondo último de la realidad? ¿No es la falta de fundamento lo que subyace?

—Exactamente, veo que ya empieza a comprender el lugar en el que he habitado estos últimos años. He habitado en las profundidades abisales de la conciencia, allí donde uno se sitúa más allá de los sentidos y el pensamiento práctico y analítico, allí donde la deificada experimentación científica no tiene cabida alguna. He conocido el abismo, lo he mirado fijamente y solo he visto un fluir, no existe ningún lugar seguro en el que agarrarse, no existen conceptos que puedan incluirlo. Fluir salvaje, esencia irrepresentable de todo lo existente.

Es un lugar inhóspito, tu cara se asemeja a la de un cadáver después de morar allí durante una larga jornada meditativa. Medusa de las profundidades que envenena tu conciencia solo con mirarlo un solo instante, pues ¿quién puede vivir más allá de los sentidos y la seguridad de las creencias sin caer victima de los impulsos esquizoides? Cuando miras fijamente el abismo descubres que el orden implica la existencia del caos. Por eso somos los impermanentes.

—¡No sé qué me ocurre! —balbuceó el científico—. Me siento mareado, como si todo lo que me rodeara fuera a desmoronarse, como si todo lo existente no fuera más que un cuadro cuya pintura comenzara a derretirse. ¿Por qué no se caen esos pájaros, por qué no se desmoronan esos edificios, por qué no se precipita la luna desde este cielo diurno?

—¡Bienvenido a la conciencia de la impermanencia! —dijo con tono solemne el Mendigo—. Estás comenzando a captar el mundo más allá de las creencias habituales, es normal que sientas vértigo, pues siempre permaneciste en la seguridad de esas paredes. Pero no te haré sufrir más, pues hasta que no practiques mi método no podrás conquistar las lejanas tierras del amor que todo lo impregna. Cuando descubras el amor, la paciencia y la paz mental, no existirá en ti la desolación de la experiencia de la impermanencia, sino la captación de una trascendencia que todo lo conecta.

Ahora me gustaría comentarte algo que he estado pensando en relación a la objetividad de la ciencia, el ideal de la objetividad del que tanto presumís los científicos. Evidentemente, coincido con vosotros en la importancia de la objetividad, lo que ocurre es que a veces noto cierta hipocresía e intereses del mercado.

Está claro que vosotros os ocupáis de producir objetividad a través de la contrastación empírica y a través de la búsqueda de consenso científico. Repetís hasta la saciedad los pasos que uno siguió para descubrir o probar algo y comprobar que realmente se producen de nuevo los mismos resultados. Pasos que no se desvían ni un ápice del método científico. El problema es que la ideología y los intereses económicos también son parte de la ciencia, se han apoderado de parte del impulso científico. Desde mi punto de vista, la ciencia no es tan científica como pudiera parecer.

—Tiene usted razón, y gracias por cambiar un poco de tema, me estaba encontrando realmente mal. Pues sí, cada vez es más evidente que gran parte del trabajo científico está manipulado por aquellos que poseen intereses económicos. De hecho, muchas investigaciones que se promueven parten ya de puntos de vista erróneos, queriendo probar por medio del método científico lo que es de interés para el negocio, además de ser simplemente falso.

La ideología está también presente en la ciencia, eso viene ocurriendo desde que la ciencia es ciencia, así como los prejuicios, estereotipos, etc. Es difícil ser completamente aséptico en algunos temas y los países se encargan de promover sus intereses y sus ideologías. La victima es, sin duda, la objetividad de la ciencia y, por ello, las personas de carne y hueso. Espero que el tiempo lo cambie todo.

—¡El tiempo! —repitió el Mendigo— esa realidad elusiva.

—¡No me diga que el tiempo también es una ilusión! —gritó algo enfadado el científico—. ¿No es acaso eso que ahora mismo está transcurriendo? ¡No me dirá ahora que no hay pasado, presente y futuro! Pues cuando digo que tardo dos horas en llegar a casa desde aquí, ¿no tiene eso ningún significado?

—Está bien, tranquilo. Solo me preguntaba qué significa exactamente el concepto tiempo. Evidentemente, lo primero que podemos decir es que se trata de lo que transcurre mientras nos desplazamos de un lugar a otro. Sin embargo, yo solo veo una mente-cuerpo que se desplaza a otro lugar y que tiene una concepción subjetiva del tiempo.

—Pero…—dijo apresuradamente el científico.

—Sí, ya sé lo que me va a decir—lo interrumpió incluso más rápidamente el Mendigo—. Me va a decir que también existe un tiempo objetivo, independientemente de nuestra conciencia. Está bien, vayamos por partes. La conciencia crea el tiempo subjetivo, crea el pasado, el presente y el futuro según sus bases biológicas evolutivas y de acuerdo con la forma en que la que la mente predice lo que ocurrirá y recuerda lo que aconteció.

Lo que no es tan evidente es que el presente es también una creación de la conciencia. Pero según expliqué antes, queda claro que nuestra concepción del mundo viene con un poco de retraso y además rellena huecos que están vacíos, así que el tiempo presente de la conciencia hace que parezca que lo que nos ocurre está ocurriendo ahora y que es una continuidad.

Sin embargo, el presente de la conciencia es un pasado con respecto al presente que es eterno, que es el único tiempo que se puede considerar como existente más allá de la conciencia vulgar. Ahora bien, usted dice que existe el tiempo objetivo, pero ¿qué es el tiempo objetivo? ¿Eso que miden los relojes, incluso los relojes atómicos, los más precisos? Muy bien, eso lo puede usted llamar tiempo si quiere, pero yo lo puedo llamar abismo.

Puedo decir que lo que miden los relojes no es el tiempo, sino el fluir de la materia y la energía. ¿No es eso el tiempo, no es la palabra tiempo una forma de referirse a un concepto que pretende denotar aquello que es una propiedad esencial de la materia y la energía, su fluir fundamental, el abismo del que hice mención antes?

El tiempo es el abismo, el fluir, la ausencia de fundamento, por eso todo lo que existe tiene como base una impermanencia esencial. El tiempo que es el instante eterno es siempre y es un fluir, y en él se dan las relaciones de todo lo existente, formándose como esto y diluyéndose como aquello. Existe pues una trinidad en el principio, la energía y la materia transformándose en el abismo esencial, propiedad inherente de todo lo existente, el tiempo.

Sin embargo, ocurre que no solo existe el tiempo en ese nivel, sino que también existe en niveles superiores de organización. Cuando los átomos se han formado es como si el tiempo se detuviera. En ese escalón de la emergencia de nuevas organizaciones el fluir es un témpano de hielo, por ello, los átomos duran prácticamente una eternidad. El fluir que es el abismo se detiene en esa novedosa organización de la materia y la energía, de las fuerzas nucleares fuertes y débiles.

Esta nueva composición es la que se une para formar moléculas y cuerpos, esos de los que nosotros somos parte. En esa escala, que a nosotros nos resulta más familiar, se desenvuelve el mundo de las fuerzas electromagnéticas y de la gravedad. Pues bien, es ahí cuando el fluir vuelve a aparecer, pero esta vez de la forma que es normal para nosotros. Aquí la misma cosa no puede ocurrir en dos sitios al mismo tiempo, algo que sí podía suceder en el tiempo que es el fluir esencial.

Allí, en el mundo de las fluctuaciones cuánticas, una partícula puede estar en dos sitios al mismo tiempo o una partícula puede estar conectada con otra a millones de kilómetros como si se comunicaran de manera instantánea y estuvieran en contacto, es decir, como si entre ambas no existiera ese espacio.

En este nuevo peldaño, el de los cuerpos compuestos de átomos y moléculas, el del mundo inerte y biológico en el que vivimos y que somos, el tiempo es simplemente el durar de las organizaciones, el diluirse los cuerpos en sus componentes esenciales, átomos que se agruparán de nuevo en moléculas y cuerpos, formación y disolución por los siglos de los siglos.

¿No es eso lo que para nosotros es el tiempo? Pero ocurre que al haber aparecido en el mundo un scr tcstigo de su existencia y de la existencia de todo lo demás, un ser con conciencia, una nueva forma de tiempo ha surgido desde lo biológico, este tiempo es una emergencia a partir de lo cerebral, un tiempo mental, subjetivo.

—Espera, por favor, no sé si he entendido lo que estás intentando explicarme, no estoy acostumbrado a ese tipo de divagaciones metafísicas. Más o menos comprendo tu punto de vista, pero, ya que has hablado del espacio, ¿podrías explicarme qué es para ti? Así puede que comprenda mejor lo qué es el tiempo en tu exposición.

—Gracias por tu interés, se nota que eres una persona abierta a todo tipo de conocimiento, es para mí un placer hablar con personas como tú. Pues bien, en realidad el espacio es también una propiedad esencial de la materia y la energía, es el cuarto elemento que hay que añadir a los tres anteriores, no lo había considerado para no dificultar la trama de la historia.

Veamos, como el tiempo y el espacio son propiedades esenciales de la materia y la energía, cuando la materia y la energía se organizan en niveles superiores, entonces el tiempo y el espacio son también diferentes. Centrándonos ahora en el espacio, parece que las distancias se acortan tanto en el nivel cuántico que todo está en contacto con todo, por eso es posible una aparente acción a distancia e instantánea, algo que pensamos que no puede ocurrir en un nivel de organización como el nuestro. Pero ya digo, eso es solo apariencia, ya que juzgamos lo que ocurre en esas dimensiones como si se tratara de algo que ocurre en las nuestras.

Quizás no sea una acción a distancia ese emparejamiento entre partículas, sino una acción de partículas unidas a través de un entramado de materia-energía fluyente que está más allá de lo que nuestros sentidos y la tecnología actual puede observar. Pero tienes que comprender muy bien que el tiempo y el espacio no son algo aparte de la materia y la energía, sino la forma en la que la materia y la energía se nos presentan y se desenvuelven, ya que la materia y la energía son esencialmente tiempo y espacio, fluir y estructura congelada.

No hay un espacio aparte de la materia y la energía, sino que el espacio es el mostrarse mismo de la materia y la energía. No existe el vacío ni lugares en los universos donde las fluctuaciones cuánticas no sean una constante, allá donde vayas hay materia y energía, la nada es solo un concepto vacuo.

Pudiera ocurrir también que el espacio poseyera en realidad muchas más dimensiones de las que creemos, es decir, que la materia-energía que fluye se comportara de maneras no explicables a través de la física newtoniana o a través de la física relativista. No digo solo que el tiempo y el espacio varíen según la aceleración o según la gravedad, como afirma la física relativista, sino que puede que existan otro tipo de variaciones que aún desconocemos, variaciones que no son otra cosa que organizaciones novedosas de la materia-energía que fluye.

Así, sería posible dar una explicación de la aparente contradicción entre la física relativista y la física cuántica, ya que pudiera ocurrir que en realidad no existiera contradicción, sino que nuestra forma de entender el tiempo y el espacio no es todavía lo suficientemente adecuada.

—Bien, pero un momento, no entiendo una cosa, ¿el tiempo y el espacio son algo aparte de la materia y energía?

—No, la materia y la energía se desenvuelven para formar todo lo existente según sus propiedades esenciales, estas propiedades son el tiempo y el espacio, que no son otra cosa que la manera en que se organiza y desenvuelve la energía-materia. La energía-materia que fluye es el tiempo, la energía-materia que compone y aparentemente se congela para producir estructuras es el espacio.

Pero no pienses que el tiempo y el espacio son dos cosas completamente diferentes, no, forman un continuo que va desde lo que completamente-fluye hasta lo que completamente-no-fluye. Ahora bien, la materia-energía es también esencialmente fuerzas, distintas fuerzas que quizás se fueron produciendo a partir de una fuerza original que ocurre de distintas maneras según la escala de organización de la materia-energía misma.

Estas fuerzas esenciales de las que ya he hablado, la gravedad, la fuerza electromagnética, etc., pueden producir, como ha demostrado la teoría de la relatividad con la gravedad, una influencia en la forma de presentársenos el espacio y el tiempo. ¿No es eso una prueba de que el espacio y el tiempo no son más que la energía-materia misma en su desenvolvimiento? Si no fuera así, ¿entonces por qué el espacio se curva y el tiempo se ralentiza por el efecto de la gravedad? Si son algo aparte de la materia-energía, ¿cómo pueden ser afectados por la gravedad?

Para mí, eso solo tiene sentido si el espacio y el tiempo son propiedades esenciales de la materia-energía, es decir, la fluidez y la estructura de la materia-energía, la forma en la que la materia-energía se desenvuelve.

—No sé, si el caso es que tus especulaciones, aunque son eso, especulaciones, tienen cierto sentido. Al menos ofrecen una visión de conjunto de la estructura del mundo, una visión interesante que evita entrar en el campo de lo científico y lo experimental y que elude la utilización de términos matemáticos. Yo que pensaba que la metafísica ya estaba muerta y me encuentro con un mendigo en la calle que me sorprende con una interesante argumentación. ¡Lo siento! —dijo el científico mientras miraba su reloj—, pero tengo que irme, se ha hecho tarde y tengo bastantes cosas que hacer, debo seguir con mis investigaciones. Espero volver a encontrarlo por aquí, quisiera poder hablar con usted sobre otros temas.

—Muy bien, no sé si nos volveremos a ver, yo vivo en ningún sitito y camino hacia ninguna parte, hasta entonces siga la flecha del tiempo con la cabeza alta, mirando de frente la enfermedad y la vejez.

El Mendigo siguió su camino tras concluir su encuentro con aquel simpático hombre. Había sido una conversación muy larga y necesitaba beber algo de agua. Se dirigió a un parque cercano esperando encontrar una fuente. Al llegar al parque, pronto se topó con una inmensa fuente en cuyo pilón se bañaban y bebían los sedientos pajarillos. El Mendigo se unió a ellos e irrigó abundantemente su piel, después probó el agua y, aunque no era de su agrado, bebió un poco para matar la sed.

También aprovechó para llenar su estómago con los frutos y raíces comestibles que había por allí. Después se sentó en una sombra sobre el húmedo césped y realizó una sentada de meditación. Tras un largo rato y con un estado mental de apaciguamiento y ecuanimidad reflexionó sobre lo hablado con el científico:

«Qué vacío sientes en tu corazón cuando un día te percatas de que vives en una burbuja opaca. Una burbuja necesaria para la vida y, al mismo tiempo, lo que nos imposibilita conocerla en su plenitud. Este caparazón de creencias e ideales que nos protege es demasiado útil para destruirlo».

«Sin embargo, en ocasiones, algunas de las creencias se vuelven perjudiciales y nos vemos obligados a echar un pequeño vistazo más allá de los confines de nuestra pequeñez con el fin de respirar el aire puro del mundo circundante. He vivido algún tiempo fuera de este caparazón, entre las gélidas corrientes del devenir del instante eterno, el tiempo que habita más allá de las conciencias comunes».

«Allí me percaté de que la velocidad de ese devenir cambia según las estructuras que se vayan formando a partir de la energía-materia del todo. También observé que la corriente es imparable, incluso en los glaciares atómicos, por muy estáticos que parezcan en su congelación. Preparado estoy para recibir mi muerte, pues ya soy muerte. Preparado estoy para recibir la vida, pues ya soy vida. Más allá del tiempo de la conciencia, donde la vida y la muerte no son contradictorias, donde los individuos de todas las especies forman la unidad que es la vida, no existe el perecer de los seres singulares, sino el renacer de una vida-todo transformada».

«Habitantes de estas tierras, más allá de las fronteras de la nube de Oort he reconocido el latido de corazones sedientos de amor y alegría, he reconocido el latido de los infinitos universos. Abandonad por un instante el refugio del yo y compartid el amor que yace en vuestros corazones con todos los seres».

Después de unos minutos de reflexión, el Mendigo se levantó y reinició su viaje a la deriva por la gran ciudad.

EL JUEZ

Caminando entre sombras vivientes, entre simios parlantes, tropezó en un semáforo con un hombre alto vestido de negro, el cual llevaba un maletín que tiraba de su brazo hacia el suelo inclinando su cuerpo un poco a la derecha:

—Buenas, señor— dijo el Mendigo—, vaya carga lleva usted y qué casualidad que se incline a la derecha.

—Buenas, es usted muy observador. Ya ve, la balanza *salió* mal de fábrica. Por eso pasa lo que pasa. Por cierto, ¿se encuentra bien? Hace mucho calor para estar todo el día en la calle.

—Sí, aunque he de reconocer que he necesitado refrescarme en una fuente de un parque cercano. Pero dígame, no sé qué se rumorea sobre las leyes y los jueces en este país. Estando en el bosque, las palomas que venían a beber a un arroyo cercano me traían mensajes de la gran urbe. Muchas de ellas me hablaron de escándalos relacionados con la justicia, con las leyes y los jueces.

No se trataba solo de que el sistema judicial beneficiara a aquellos que más dinero tienen, lo cual es en sí ya bastante injusto, sobre todo si de lo que se trata es de buscar la justicia. Me contaron que algunos de los jueces y fiscales se habían puesto de parte de aquellos que más tienen.

¿No le parece a usted una arbitrariedad demasiado perniciosa para que un Estado democrático de derecho, basado en la legitimidad de los representantes y en supuestas leyes justas, sobreviva sin convulsiones? No sé, a mí me parece que las palomas no mentían, que realmente está ocurriendo lo que ellas me contaron. Los poderosos son defendidos por los jueces y por el sistema legislativo, ¿es esto lo que vosotros llamáis justicia en un Estado democrático de derecho?

—Sí, mendigo, eso es lo que nosotros llamamos justicia, y lo peor de todo es que nos hemos acostumbrado a ello. Decimos que estas cosas son propias de los Estados, inherentes a su funcionamiento institucional, así, no hacemos nada para cambiar las cosas. Ya sea por indefensión aprendida, por el poder de la costumbre o por miedo a ser nosotros los insultados al intentar cambiar la injusticia imperante.

—La verdad que es una situación esperpéntica. Aquellos que provocaron la situación desastrosa en la que me he encontrado este país, después de años de soledad en la montaña, siguen por ahí campando a sus anchas, dando lecciones a todos sobre lo que se debe hacer o saliendo absueltos de los juicios porque supuestamente no se ha seguido el procedimiento escrupulosamente. ¡Qué extraño!, cada vez que estos poderosos van a juicio acaban procesados los jueces que los juzgan o simplemente apartados del caso por mala praxis.

—Sí, amigo, así está la situación. Muchos jueces somos víctimas del gran poder que ejerce el ejecutivo, no podemos hacer nada contra ellos. De hecho, es el ejecutivo el que marca el carácter de la justicia a través del control de nuestro órgano de representación. La Constitución y las leyes se han ido dictando para que todo esto ocurriera, para encubrir con un Estado de derecho y una democracia la manipulación de los gobernantes y los que compran sus políticas.

—Sí, la balanza está demasiado inclinada a la derecha, como en las épocas anteriores, no sé que tiene ese lado que siempre pesa más. ¿Será el dinero? No sé que día podrá la ciudadanía caminar libre de la opresión de ideologías, de izquierdas y derechas. Qué miedo me da el pensamiento de grupo, de esos que son como piezas de un mecanismo preparado para activar una bomba de relojería, un solo roce y todo lo avanzado salta por los aires.

Es realmente llamativo como han confeccionado las leyes estos políticos para que sea muy complicado procesarlos. Sin embargo, más allá de la ley siempre existe el indulto, eso que utilizan a su antojo para perdonar a los que no tienen perdón. No sé si piensan que esa arbitrariedad de sus decisiones no está minando la confianza de los ciudadanos en un sistema que desde su nacimiento estaba abocado al fracaso, pues lo que nace de la injusticia desemboca en la injusticia, a no ser que se haga realmente algo para remediarlo.

Son tantas las presiones que se ejercen sobre los jueces justos. No solo la manipulación de los políticos sobre el poder judicial, sino los medios de comunicación esbirros, apuntando con sus arcos a las piernas para debilitar poco a poco a la presa, la cual no tiene más remedio que someterse a la normalidad establecida artificialmente.

—Para haber estado aislado del mundo —dijo el juez— veo que comprendes muy bien la situación. Yo también me he sentido solo entre personas horribles, amenazantes imágenes, espectros nocturnos. Ojalá algún día todo esto cambie y los que se comportan injustamente con los demás sean juzgados con todas las garantías, pero también con todo el peso de la ley.

Hasta ahora no es esto lo que ocurre, ya que cuando un personaje con poder es juzgado sus garantías son defendidas incluso por los fiscales, sí, por los encargados de la acusación, por no hablar de los jueces y de nuestro órgano de representación. Ojalá hicieran siempre lo mismo cuando de lo que se trata es de un pobre hombre o de una pobre mujer, de esos que están en la cárcel durante años por un delito insignificante, de esos que se les deniega el indulto alegando simplemente un *no, porque lo digo yo* por parte del gobierno de turno. El cual no cesa de conceder indultos a sus amiguitos de la supuesta alta sociedad, esa alta sociedad enriquecida a costa del dinero del Estado, es decir, del dinero de todos.

—La verdad que entiendo los sentimientos de desesperación y enfado, de hartazgo, de muchos de los ciudadanos con esta injusta situación. Tan injusta que hasta la propia justicia se ha transformado en su contraria y se la quiere perfumar para que los ciudadanos honestos no noten el olor putrefacto de este poder que emana de la soberanía del pueblo.

Estando una vez cerca de un arroyo, observando la blanca nieve, se acercaron sigilosamente unos cuervos a sacarme los brillantes ojos. Protegí mi cara de su feroz ataque y los espanté con todas mis fuerzas. Después de un tiempo, sorprendí a uno de ellos mientras saciaba su sed, lo cogí del cuello para que no escapara ni me hiriera con su poderoso pico y le pregunté que por qué había intentado herirme, a lo cual me respondió: *nosotros no intentamos herirte, simplemente nos atrajo el fulgor de esas perlas que portas en las cuencas de tu rostro.*

Lo liberé y pensé que quizás no eran verdaderamente conscientes del daño que me iban a ocasionar, solo veían el brillo.

—¿Y por eso hay que perdonarlos? —preguntó irritado el juez.

—No, por eso se debe luchar para convencer a los cuervos de que lo que están haciendo causa verdadero daño y que el brillo es solo eso, brillo. No cejes, hermano, de buscar el camino de los fuertes, de los que no se rinden ante la presión de los inconscientes, de los usureros, de los ladrones de pobres.

—Bien, comprendo. Eso es lo que haré, ahora sé que no estoy solo, que incluso un pobre mendigo es capaz de luchar por la justicia en este país de degenerados. Sin embargo, me pregunto cómo puedes transmitir tanta paz, de tu cuerpo emana una especie de sinfonía pacificadora.

—Durante eones he vivido la práctica-estudio que permite a tu conciencia observar desapasionadamente la corriente de pensamientos, sensaciones, emociones y recuerdos que inundan tu mente. La ecuanimidad es el lugar en el que se asienta la conciencia contemplativa, soy como un águila pescadora que otea el río en busca de su presa, apoyada en el viento siempre cambiante, ese es el peligro, el dejarte arrastrar por las corrientes.

Yo no tengo nada personal contra los que causan daño, simplemente sigo mi camino e intento arrastrarlos en la dirección que he marcado durante siglos. El miedo y el enfado paralizan la acción justa y adecuada, por ello, debes estar alerta frente a las emociones negativas. Valor, hermano, pues nadie dijo que vivir sería fácil, especialmente cuando la tarea que te has propuesto es una empresa digna de un héroe.

Pero no de esos que matan a miles en las películas horribles del cine de los dormidos, sino de esos que se empeñan en esparcir la virtud de la paciencia. Te espero, pues, en el bosque que habita dentro de ti, en ese en el que los cuervos no serán capaces de alterar tus estados mentales ni desviarte del camino recto.

—Muchas gracias, no sé cómo te llamas, pero la verdad es que en este momento es lo de menos, me has vuelto a nivelar, ya no siento esa gran tirantez en el brazo.

—Tienes toda la razón, mi nombre no importa, pues la corriente salvaje del instante eterno lo arrasará todo.

Ambos se separaron con un poco más de sabiduría, no de dinero, no toda relación entre personas es de carácter económico. El Mendigo bebió bastante agua de una botella que le regaló una anciana en un bar cercano al lugar donde había tenido lugar el encuentro con el juez. Después siguió su camino a ninguna parte y, tras unos minutos, se dijo a sí mismo:

«La sociedad es como una piedra plana que lanzas al río y la justicia es la inclinación que le das a la piedra cuando la lanzas. Si la lanzas inclinada a favor de cualquier lado, la piedra se hundirá antes; si la lanzas de canto, la piedra se hundirá nada más tocar el agua. Sin embargo, si eres capaz de nivelar la piedra de tal modo que no se incline, sino que toque la superficie del agua con su plana barriga, puede que la piedra incluso cruce el río».

En este estado de ensimismamiento, deambulaba el Mendigo bajo la asfixiante flama procedente del asfalto bañado por el desbordante sol del estío cuando una voz de mujer lo sacó de su concentración.

LA EMPRESARIA

—¡Hola!, se encuentra bien. Venga usted conmigo a ese bar, le pagaré algo de bebida y comida. Venga, no sea tímido, todo lo que yo tengo es suyo.

—Es usted muy amable. No dude ni un momento que la acompañaré, más por el agua que por la comida, pues la sed es un enemigo difícil de derrotar, sobre todo en estos días tan calurosos.

—Necesito algo de compañía, llevo toda la mañana en mi oficina organizando la estrategia de ventas para estos meses de verano. Soy una mujer empresaria y estoy muy satisfecha con la vida que llevo.

—Sí, se lo noto en la cara. Es usted feliz. ¿Pero qué es lo que la hace tan feliz? ¿No son acaso muchas horas las que debe sacrificar? ¿No le gustaría más llevar otro tipo de vida menos arriesgada? No sé, entiendo que esta vida que lleva puede resultar atractiva, ¿pero cuánto tiempo piensa que le reportará esa dosis de felicidad?

—Realmente, me siento a gusto con lo que hago, sin embargo, lo que verdaderamente me hace feliz es el sentirme útil y generosa. He creado una asociación sufragada con los beneficios de mi empresa, no todos, pero sí una parte son desviados anualmente para luchar contra la pobreza y la marginación. La otra parte de los beneficios, la mayor parte, son reinvertidos en el negocio, de otra forma sería imposible que la empresa creciera año tras año.

—Ahora comprendo, es la generosidad lo que la hace sentirse feliz. Usted no tiene como meta ganar dinero, sino ganar dinero para ayudar a los más necesitados, ¿no es eso algo hermoso? ¿Cómo no iba a ser feliz una persona que puede ayudar a los más necesitados? Ojalá otros muchos empresarios aprendieran de usted. Sé que es difícil, muchos piensan que ellos no son los que deben ocuparse de los problemas sociales, sino que para eso está el Estado y las ONGs, especialmente estas últimas. Ahora bien, ¿de dónde extraen el dinero las ONGs y el Estado? ¿No es de los ciudadanos? Pues eso, ¿no sería lo normal que los que más tienen donaran más dinero que los que menos tienen y que pagaran más impuestos? No se construiría de este modo una sociedad más justa.

—Tiene usted toda la razón— respondió la mujer mientras sujetaba una taza de café que había pedido al camarero para espolear su sistema nervioso. Es necesario que nosotros, los que obtenemos amplios beneficios nos involucremos en este tipo de asuntos, si no lo hiciéramos, la crisis va a destrozar a todos los que no tienen nada. Son necesarios más valores, ya que actualmente lo que impera es la falta de valores y normas, la abulia social.

El incremento de los beneficios no puede ser la meta última, aunque sí una de las metas. Las empresas deberían respetar los valores humanos y no alimentar a los trabajadores de este y otros países con falsos ídolos, mientras inflan sus cuentas con suculentos manjares en paraísos fiscales.

—Sí, tiene usted toda la razón— asentía el Mendigo con la cabeza—, es un momento de compromiso social. Está claro que las empresas en estos días lo están pasando francamente mal, pero no puedo creer que con los beneficios que han obtenido en los últimos años, todo se haya esfumado. Aunque eso es una de las características del actual sistema, se vive al día, se vive a través del préstamo.

Así que cuando no existe liquidez en una economía y los bancos se niegan a conceder préstamos, ya que en los últimos años concedieron una gran cantidad de ellos incorrectamente, las empresas se quedan sin la posibilidad de acceder al crédito y el consumo se desploma por la crisis y las medidas de austeridad. Esta es la manera en la que, según algunos, se debe actuar para salir de esta situación, pero según lo veo yo, la cosa se está agravando cada vez más.

—Sí, yo también pienso como usted. En un primer momento, estaba claro que había que calmar a los mercados y tomar medidas en esa dirección, pues un país casi en bancarrota debe asegurarse de que transmite mensajes que dejen claro que las deudas contraídas se pagarán. Ahora bien, el tiempo ha pasado y creo que ha llegado el momento de invertir de nuevo y recortar menos, pero, por favor, que no sea otra vez en el sector de la construcción, que esta gente nos lleva otra vez a la posición de partida.

—Pues no lo dude ni un momento. Estuve años viviendo en el bosque y los animales nunca me dijeron que las medidas políticas fueran a ser diferentes que las del pasado, de hecho, todo apunta a que el paradigma económico de este país permanecerá igual. Muchos de los animales que allí moraban estaban muy preocupados, pues temían que la especulación inmobiliaria llegara hasta sus limpios bosques. Y puede que sus más horribles pesadillas se hagan pronto realidad, ¿no es propio de la mierda oler a mierda? ¿Qué se puede esperar si los mismos partidos continúan en el poder?

Ojalá este país estuviera repleto de personas como usted, personas que piensan que la finalidad de la vida no es la acumulación de dinero por el simple hecho de acumularlo, sino la acumulación de dinero para reinvertirlo en actividades que ayuden a los humanos y que mejoren la sociedad y el medio ambiente. Sé que esto puede sonar un poco utópico, pero no es algo descabellado pensar que una sociedad así es posible y que la que actualmente existe está muy lejos de ese ideal.

—Sí, este no es solo un problema de este país, sino de todo el planeta —dijo la empresaria. Muchas empresas cierran sus fábricas allí donde se han conseguido los derechos sociales mínimos y se van donde no existen para ganar más a través de la esclavitud institucionalizada.

—Eso sí que es una práctica completamente reprochable. Cuando veo a esos trajeados hablando de los aumentos exponenciales de los beneficios año tras año, me pregunto, ¿a qué humanos estarán esclavizando? Sí, ¡qué grandes son!, esos que dan lecciones sobre cómo llevar una empresa, cuando lo único que hacen es obtener beneficios a través de la humillación de hombres y mujeres.

La esclavitud no es una cosa del pasado, estos impresentables esclavizan hombres, mujeres y niños, y encima pretenden que los aplaudamos cuando nos presentan una supuesta obra de caridad que han llevado a cabo para lavar su imagen. Esos continentes y esos dirigentes de los imperios asesinos, sí, esos que venden armas y, al mismo tiempo, reciben el premio Nobel de la paz, que sigan aumentando sus beneficios mientras los cuerpos de niños, mujeres y hombres inocentes son quemados, destrozados, aniquilados, mancillados y mutilados. ¿Qué tipo de persona puede dormir tranquila después de ser pagado con la sangre de los inocentes?

Sí, ya sé que inventarán pretextos de todo tipo, que la guerra es inevitable, que si las armas no las vendemos nosotros se las venderán otros, que se perderían muchos puestos de trabajo y más cosas por el estilo.

— Tienes toda la razón. Sin embargo, he de decirte que cada vez son más los empresarios que quieren unirse a esta nueva ola de la defensa de los valores humanos y de la dignidad, no solo humana, sino de todas las especies. Estamos en contra de perseguir el beneficio ciegamente, sin tener en cuenta el capital humano. La sociedad en el mundo capitalista actual, que es neoliberal principalmente, es completamente dependiente del mercado. A no ser que se haga todo lo posible para crear una nueva manera de entender la sociedad, una nueva visión que no vea el beneficio como la meta última, sino como una meta al servicio de la dignidad, la evolución hacia una sociedad más justa es imposible.

—Eso sí que es cierto— asintió el Mendigo—, una sociedad más justa solo se puede construir a través de la libertad de los sujetos autónomos y racionales, por medio de personas que controlan sus estados de ánimo. El ámbito de la libertad se construye desde la libertad, no desde la imposición de fuerzas ciegas y de mercados irracionales. Además, el ideal neoliberal de un mercado que se autorregula y que es la pieza clave que construye los canales de la oferta y la demanda de la manera más eficaz posible es una completa falsedad. Ellos solo persiguen la desregulación del sistema para hacer un negocio redondo, teniendo en cuenta solo el tiempo presente. Aunque no soy yo de los que creen en la estatalización de los medios de producción y en la planificación comunista.

—Es triste, pero es así. Bien, señor, debo marcharme, pues no he terminado mi trabajo en la oficina y el verano ya está aquí. Espero encontrarlo otro día, mientras tanto puede usted ir a este lugar— extendió la mano y le ofreció una tarjeta—, aquí encontrará una dirección de una de las sedes de la asociación que presido, allí recibirá usted ayuda altruistamente.

—Muchas gracias, señora, será un placer pasar por allí a comer algo de pasta, necesito cereales, pues llevo tiempo alimentándome de lo que me ofrecen los jardines de esta ciudad, aquí no hay cereales como en el bosque. Espero que todo le vaya bien y que muchas personas sigan su ejemplo.

Y así se separaron los caminos de los que siempre anduvieron juntos sin saberlo. El Mendigo se dirigió a la dirección impresa en la tarjeta, que no estaba muy lejos de allí. En el camino, le vino a la memoria una experiencia de vidas pasadas, algo que algún maestro le había contado y comenzó a recitarlo como si delante de él se hubiera posicionado una audiencia interesada en el relato.

—En un bosque muy lejano vivía una familia de ardillas. Cada verano, se dedicaban a buscar nueces y frutos y a esconderlos para la época invernal, ya que no había nada que comer durante meses. Esta práctica fue transmitida durante generaciones. Sin embargo, un verano, una de las ardillas no quiso seguir los consejos de los ancianos y todo lo que iban guardando sus familiares se lo iba comiendo.

Cuando llegó el invierno, todos sus parientes murieron de hambre y frío, sin embargo, la ardilla almacenó suficiente grasa para soportar la gélida estación. El frío cedió y la ardilla se dio cuenta de que su conducta había causado la muerte de sus parientes. Se entristeció, pero pronto su sentimiento egoísta volvió a hacerse con sus pensamientos y olvidó el daño que había causado.

Veía montañas de nueces y frutos delante de sus narices, eran todos para ella. Cuando se fue a meter la primera en la boca, un águila la agarró por el gaznate con sus potentes garras y se lo partió en dos. Su egoísmo había acabado también con su vida, pues en aquel bosque era completamente imposible sobrevivir sin la protección de la familia y sus señales de aviso.

Después de una larga caminata, se encontró delante de la puerta de la asociación y antes de entrar se dijo a sí mismo:

«Hidrógeno del mundo, por ti ya luchan las estrellas para subsistir tantos eones como sea posible, ¡qué curioso que aquellas que más consumen sean las primeras que mueren! Prueba irrefutable eres de la limitación de los recursos, pero ¿qué le vamos a hacer? Nada dura por siempre. Con todo, ¿no sería mejor que aquel animal que puede planificar en parte su futuro lo haga de manera sabia y sin violencia?, ¿es que los recursos no se acabarán igualmente, aunque matemos a millones de inocentes? Ellos podrán seguir esquilmando la parte de los impermantes olvidados y ocultando su violencia a través de los medios manipuladores, sin embargo, todo lo que hacen a esos pobres humanos se volverá irremediablemente algún día contra sus propios hijos».

LA SINDICALISTA

Perdido en los recovecos de su conciencia, entró el Mendigo por una puerta de metal, barata y fría, pero suficiente para llevar a cabo su cometido. ¿Para qué excesos donde se atiende a los pobres? Se sentó en una silla y fue recibido alegremente por un jubilado voluntario que llevaba meses trabajando allí a cambio de nada, solo satisfacción personal al sentirse útil.

El Mendigo le dijo que necesitaba comer algo de pasta o pan y el voluntario pronto le trajo un plato de macarrones tan alto como el vaso de agua que acompañaba el festín. El Mendigo le dio las gracias y comió pausadamente sin hablar y sin pensar, se abstrajo de todos los ruidos del exterior y saboreó cada uno de los pedazos de comida que introducía en su boca.

Cuando terminó, dijo en voz baja:

«Cuando el cuerpo come, la mente debe comer con él; cuando el cuerpo camina, la mente debe caminar con él; cuando el cuerpo duerme, la mente debe dormir con él».

Se levantó de la silla y se dirigió hacia la persona que le había servido, le dio las gracias de nuevo y se marchó. Cuando salió oyó una enorme algarabía cerca de allí, cruzó la esquina y vio un grupo de sindicalistas protestando por las medidas que había venido implementado el gobierno. Se acercó a uno de ellos y le dijo:

—Vaya, ahora gritáis, no os oí igual en tiempos pasados, hienas de ciudad, cuando los gobernantes os tiraban los despojos de carne y hueso para que vuestras mandíbulas de hoces y martillos los trituran y así vuestras bocas cansadas no pudieran hablar de las injusticias. ¿Para qué ibais a criticar a los manipuladores si comíais de sus manos, igual que los monos de feria? Cómplices del latrocinio, denunciad hoy lo que ocultasteis, pero denunciadlo todo, incluso a vuestros camaradas.

—Bueno, ¿qué tenemos aquí?, un charlatán—dijo una sindicalista que ya pasaba los cincuenta—. No todos los que pertenecen a los sindicatos participaron en la estafa. Sin embargo, he de decir que muchos de los que no participamos lo sabíamos y no hicimos nada. Transcurrirá mucho tiempo hasta que la memoria colectiva olvide que somos cómplices de la actual crisis. Mientras tanto, aquí estamos, defendiendo los derechos de los trabajadores.

—Sí, los derechos de los trabajadores, claro, ojalá fuera eso lo que realmente guiara vuestros corazones. Tanto tiempo estuvo el lobo alimentado por el hombre que ya no caza sus ovejas. Ahí estáis, gritando y vituperando a los gobernantes, vuestros aliados hasta hace dos días. Es una paradójica situación esta que presencio, como el pelear de dos hermanos que pronto se reconciliarán.

Cansado estoy de vuestros sermones de izquierdas, de vuestras llamadas a la revolución y a las huelgas que os interesan, cansado estoy de vuestros discursos planificados para no dejar de recibir fondos públicos, no vaya a ser que la mano que os da de comer se canse de vuestra falta de docilidad. Esa Constitución no es más que una tapadera para que vuestras protestas sean mucho más suaves, qué listos fueron los herederos del sindicato vertical.

—Bien, acepto que no hemos hecho las cosas bien, pero no me negarás que últimamente estamos de nuevo en la lucha.

—Deja de hablarme como si yo fuera un camarada— contestó el Mendigo algo ofendido—, momia de Lenin. Lleváis años apoyándoos los unos a los otros. Eso sí que lo hacéis bien, olvidando que no es esa vuestra tarea. Vosotros debéis defender los derechos de los trabajadores, ahora y siempre, de todos los trabajadores, eso es lo que debéis hacer.

Vuestra conducta durante años ha sido deleznable, por mucho que ahora queráis maquillarla, egoístas. Pero también debéis defender los derechos de los futuros trabajadores, y no me digas que eso es lo que habéis estado haciendo durante todos estos años, porque es una mentira evidente.

—Bueno, está bien, te vuelvo a repetir que quizás nuestro compromiso con la causa no haya sido total, pero algunas cosas se han conseguido en el pasado, eso no se puede negar.

—¡Compromiso con la causa!, sí, la causa de vuestros bolsillos. Espero que en el futuro los sindicatos no reciban ni un solo fondo del Estado, pues es la forma que tienen los gobernantes de comprar vuestro encubierto apoyo. Ya se encargarán los propios trabajadores de pagar vuestras nóminas, aunque seáis menos, pues mejor es uno motivado que diez vendidos.

Os dejasteis arrastrar por el deseo de la falsa riqueza, esa que se apoya sobre granos de arena junto a un mar embravecido. ¿Cuánto tiempo pensabais que podríais estar enriqueciéndoos sin hacer nada, al igual que aquellos que os alimentaban?

—La corriente fue muy poderosa, parecía que todos los derechos conquistados eran indestructibles, así que nos dedicamos a vivir del cuento. Los políticos nos permitieron ser más de los necesarios, por ello, la gran mayoría no teníamos nada que hacer, solo cobrar a final de mes y simular que defendíamos los derechos de los trabajadores. Reconozco que fueron tiempos de molicie, pero ahora todo ha cambiado. Todos los derechos que creíamos eternos han sido atacados por los aliados del capital, quienes han reconquistado parte de la capacidad opresora bajo el pretexto de una austeridad supuestamente necesaria.

—Alabo tu sinceridad— dijo el Mendigo—, por fin puedo ver en tus ojos un atisbo de arrepentimiento. Ese es, sin duda, el camino. La única forma de reparar un error es a través del reconocimiento del mismo. Pero no sé, habéis estado tan dormidos durante tantos años que ahora va a ser muy costoso recuperar el tiempo perdido. Especialmente, porque estáis más solos que antes.

¡Qué paradójico!, ahora que empezáis a mover vuestros traseros son muchos los que no confían en vosotros. No se trata solo de lo mal que lo habéis hecho, sino que la campaña de desprestigio orquestada desde los sectores políticos neoconservadores, a través de sus medios lacayos, os ha herido de muerte.

Los verdaderamente indignados os igualan con los gobernantes y, en parte, tienen sus razones. Ha llegado el momento de curar la herida de todos aquellos a los que habéis defraudado. Por ello, ya podéis empezar a despedir a unos cuantos gandules. En verdad que no sé si vuestra actual resistencia se debe a una verdadera transformación interior o, simplemente, a que debéis renunciar a ciertos privilegios que os concedieron para comprar vuestro silencio.

—Yo he cambiado completamente, pero he de decir que en mi sindicato existen, como tú bien dices, puercos haraganes que se apoltronan en las migajas de nuestras conquistas. Algo se debería hacer con ellos, al final, van a pagar justos por pecadores. ¿No es eso lo que ha ocurrido con la crisis?

—Sí, exactamente. Bueno, señora, ha llegado la hora de marcharme. He de seguir mi camino. A ver si encuentro a más personas a las que ayudar con mis consejos y mi método. ¡Son tantos los dormidos en el mundo de lo sobrante!

—Está bien, por cierto, gracias por tus palabras, a veces las personas necesitamos el consejo de los sabios silenciados.

Caminó el Mendigo un tiempo entre la multitud. Cansado de un día agotador, al divisar un parque se encaminó hacia él, ya habría tiempo de hablar con más lugareños al día siguiente. Aunque no era el tiempo algo que perturbara al mendigo, pues había aprendido a controlar esa horrible sensación causada por la aceleración subjetiva de su transcurrir pareja a nuestro envejecer.

Se refrescó abundantemente y bebió agua impura, de esa que algunos llaman potable. Comió lo que pudo y se sentó en la *asana* ancestral del loto. Relajó su mente a través de su atención plena en la respiración y, una vez conseguido el estado de apaciguamiento, observó como testigo ecuánime el río de pensamientos que fluía más allá de la conciencia vulgar.

Después de un largo tiempo de meditación, se tumbó en la hierba, miró hacia el cielo y susurró en el relente que estaba comenzando a refrescar aquel infernal calor:

«Hermano, casi eclipsado por la redonda luna, ya has aparecido para mostrarme fidelidad, siempre el primero. Hermoso planeta, riega con tu tímida luz los corazones de estos hombres de tragicomedia, pulveriza sobre el cielo nocturno las dosis de amor necesarias para seguir esparciendo mi mensaje. Tú, diosa Inanna". Nada más decir esto, el Mendigo cayó en un sueño profundo hasta la mañana siguiente.

LA NACIONALISTA

Al amanecer, el riego automático de los jardines despertó al Mendigo, que se encontraba en un profundo sueño. Esto le permitió observar a los animalillos del parque durante unos minutos antes de levantarse, comer, realizar sus abluciones y beber algo de agua, la cual cada día que pasaba en aquella ciudad le parecía más repugnante. Después meditó para apaciguar su mente, pues el dormir no es sinónimo de paz interior, y continuó su viaje por la gran ciudad.

El calor era cada vez más asfixiante, por lo que decidió entrar en algún centro comercial donde poder protegerse de las altas temperaturas. Ya dentro del centro comercial, se topó con un grupo de personas que portaban banderas de una de las regiones de aquel país y gritaban consignas a favor de la independencia:

—Buenas, ¿qué ocurre? —preguntó el Mendigo con total calma.

—Buenas, nada, simplemente defendemos la independencia de nuestra región. Consideramos que tiene derecho a ser un país independiente, especialmente, porque el Estado nos oprime y no nos permite realizarnos plenamente.

—Sí, es un gran problema este, un problema muy antiguo, aunque hay algunos que pretenden hacer creer a los ciudadanos que es reciente, algo así como un capricho.

—Exactamente, veo que comparte usted mi punto de vista, que ha llegado el momento de que los pueblos sean libres.

—Espere, no vaya tan deprisa. Una cosa es que entienda sus argumentos y otra, muy distinta, es que los comparta. Comprendo tus demandas, sé que muchos de ustedes piensan que una lengua y un pueblo necesitan su propio país, su propio Estado. Todo eso lo comprendo, pero permítame que no lo comparta.

Lo primero que he de decir es que si ustedes piensan que su vida será mejor si consiguen la independencia, entonces me parece muy bien, sigan ustedes reclamando lo que opinan que es suyo. Estoy de acuerdo con ustedes en que un referéndum es necesario, pues es la ciudadanía la que debe elegir entre independencia o permanencia.

Por otra parte, sin embargo, estoy cansado de que muchos de ustedes no sean respetuosos con aquellos que viven en su región, que se consideran de esa región, que se consideran como pertenecientes a ese pueblo, que hablan tan bien como ustedes su lengua particular, en definitiva, ciudadanos como ustedes que son nacionalistas pero no independentistas.

Es más, existen también ciudadanos que no son tampoco nacionalistas, que les importa muy poco este tipo de sentimiento o que les atrae más el sentimiento de pertenecer al Estado que ustedes tildan de opresor. Todos ellos, siento decirle, también están en su perfecto derecho. Le digo esto porque, últimamente, parece que sus políticos han olvidado lo que denunciaron en el pasado como injusto, la imposición de una lengua, de unas costumbres. Lo han olvidado porque son ahora ellos los que las imponen, son ahora ellos los que lo nacionalizan todo, la cultura, el comercio, la sociedad.

—Bien, entiendo su punto de vista, pero debe comprender que nosotros hemos sido perseguidos y se nos ha prohibido hablar en nuestra propia lengua en nuestros territorios históricos.

¿Qué le parecería que un día llegara alguien a su casa y le impusiera una lengua para expresar todos y cada uno de sus sentimientos? ¿No acabaría usted odiando esa lengua o, al menos, sintiéndose liberado con la exaltación de la propia en el momento de la recuperación de la libertad?

—Claro que comprendo la frustración que comporta toda imposición, que no es otra cosa que la restricción de la libertad en un área determinada. Por ello, si ustedes han sido víctimas de la imposición (que no es algo que yo de por hecho) en ese sentido, deberían comprender que el camino para encontrar una solución no es de nuevo una imposición, sino el diálogo y el respeto de todas la diferencias que existen en el ámbito social.

El camino del referéndum me parece un gran acierto, ya que se da voz a todos los ciudadanos. Pero el resultado no implica que todo lo que pertenezca a lo que ustedes consideran el Estado *opresor* deba ser demonizado. Por ello, una vez conseguida la independencia, deberían plantearse si es realmente cierto que merece la pena desechar la riqueza cultural que supone el bilingüismo y la convivencia pacífica de diferentes culturas.

Tampoco creo que sea correcto considerar a todos los habitantes del Estado al que pertenece su territorio como opresores, pues no creo que la mayoría sea partícipe, ni ahora ni en el pasado, de tal tipo de práctica, especialmente, si ellos también han sido víctimas de las restricciones de libertad en otros ámbitos.

Por otra parte, se debe dejar abierta la posibilidad del camino de vuelta a través de referendos periódicos sobre este asunto, pues puede ocurrir que los ciudadanos de mañana no piensen como los de hoy. Eso es democracia.

—Lo que usted dice no me parece mal, pero debe reconocer que existen políticos del gobierno central que son unos intransigentes y que con ellos en el poder no se va a conseguir un acuerdo.

—Sí, es cierto que en el gobierno central podemos encontrar muchos ejemplos de este tipo de personajes, pero eso ocurre en toda sociedad. De hecho, en su territorio también podemos encontrar ejemplos claros de políticos intransigentes. Ahora bien, aunque esto es cierto, no podemos olvidar que la meta es encontrar un punto de encuentro en las posiciones en conflicto a través del uso de la política.

El nacionalismo es una ideología, dejarse arrastrar ciegamente por él no es para mí un símbolo de grandeza, especialmente, cuando lo que yo creo es que todos los seres humanos se rigen por unos mismos principios éticos universales, cuando lo que yo amo es a todas las personas del mundo.

No sé, el nacionalismo se me queda un poco pequeño para lo grande que es el mundo, ya sea el nacionalismo de los territorios pequeños o el nacionalismo del territorio-Estado que los absorbe. La grandeza reside en la paciencia y en la búsqueda de soluciones a través de caminos pacíficos, no en la exaltación incontrolada de sentimientos inculcados en nuestras mentes por falsos profetas de soluciones mágicas.

Pues ¿cree quizás que el único culpable de la situación en la que se encuentra su territorio es la política llevada a cabo por el gobierno central, que ciertamente ha sido, en líneas generales, bastante inadecuada? ¿No se ha parado a pensar que este nuevo brote de exacerbación independentista puede que solo sea una manera de tapar los propios errores y delitos de aquellos políticos de su territorio que lideran la causa?

Con esto no quiero decir que sus demandas sean solo una cortina de humo, existe parte de verdad en ellas, ya que una parte de la población aspira desde siempre a la independencia. Pero cuidado que esa aspiración de la masa no sea solo una herramienta que algunos en el poder son capaces de utilizar para su propio bien. Se lo digo a usted y también a los nacionalistas del Estado central. Las emociones han sido explotadas desde tiempos remotos con el único fin de manipular al rebaño. Un poco de ideología por aquí, otro poco de nacionalismo por allá y, a la puerta de entrada, se dirigen todas las ovejas.

—¿Pero para usted no significa nada la nación? No sé, es que es algo que no logro comprender. Nuestra personalidad se construye en una familia, en un entorno social, en una nación. ¿Cómo puede ser que para usted esto no signifique nada?

—Yo no he dicho que para mí no signifique nada, pero cuando uno vive en soledad descubre que a las cosas hay que darles su justa importancia. Sí, es cierto que nuestra forma de ser y de comprender el mundo está, en cierta medida, relacionada con el hecho de pertenecer a una comunidad que alberga unas mismas costumbres y una lengua.

Sin embargo, eso, más que una virtud, es una limitación. Pues ¿qué gano yo con el hecho reverenciar lo familiar y tratar de olvidar o demonizar todo lo demás porque es diferente? Hace tiempo que vivo saltando con mis largas piernas las trincheras que cavan los prejuicios y los estereotipos, pues más allá de estas limitaciones existe algo que se llama especie humana, y créame cuando le digo que en el momento en que eres capaz de mirar más allá de tus propias narices, descubres que al otro lado de las diferencias existe un mundo de amor.

Eso es lo que se debería intentar promover en este planeta, el ser un ciudadano del mundo. Toda deificación y sacralización de la nación, incluso la propia existencia de este concepto, es algo que ya produce cierta incertidumbre y conflictividad.

Es cierto que se podría decir que existe una entidad llamada nación que produce en nosotros ciertas maneras de comportarnos características o que bajo su protección nos desenvolvemos de una manera diferente a la de los pertenecientes a otras naciones. Pero si continúas en el camino de los entes holísticos o las entidades supraindividuales, encontraras que la entidad humanidad es algo que también engloba nuestra manera característica de vivir en el mundo, con algunas pequeñas diferencias locales.

Por ello, creo que es más adecuado rendir pleitesía al concepto más universal, ya que incluye bajo su reino todo lo que nos hace iguales, no lo que nos separa. Le pondré un ejemplo, todos los seres humanos hablan, pero en cada nación, en general, se habla una lengua. Cada lengua en cada nación presenta distintos dialectos, etc. Yo prefiero resaltar el hecho de que todos los seres humanos poseemos un lenguaje articulado. Cómo varía este de un lugar a otro es algo interesante, pero que no debería provocar conflictos. Y lo mismo se puede decir de otras entidades supraindividuales o de las religiones, debería prestarse atención a las similitudes, eso sería un buen punto de partida para limar absurdas asperezas.

—No comparto su opinión, sí estoy de acuerdo en que es la ciudadanía la que debe elegir, sin embargo, el concepto de humanidad es para mí demasiado abstracto, por ello, solo me preocupa lo que tiene que ver con mi pueblo y mis hermanos de esta gran nación, a la cual aún no se le ha permitido formar su propio Estado.

—Pues lo cierto es que lo importante es que pensemos que es la ciudadanía la que debe elegir. Todas las opiniones, incluidas la suya y la mía, están presentes en el todo social y a través de unas elecciones democráticas se debería uno poder pronunciar sobre este asunto. Ahora bien, que todas las opiniones sean aceptables no significa que todas sean correctas o que no haya unas más adecuadas que otras.

¿No me negará usted que las posturas que postulan una división de lo social según entidades supraindividuales son un poco peligrosas? Personalmente, le digo que prefiero defender las entidades que nos unen, no las que nos separan. Pues prefiero vivir en paz en un mundo de hermanos, que vivir en un Estado-nación a punto de entrar en guerra por disputas de segunda clase.

Ya ve que soy tan amigo como usted de la libertad y de la democracia, y que, sin embargo, nuestras posturas sobre lo que es digno de ser alabado o defendido a toda costa, incluso a costa de la paz y de la felicidad, son diferentes. Yo lucho por la humanidad, por la libertad, por la dignidad de todos los seres humanos, y por la dignidad de todos los seres no humanos. Esa es mi batalla. La suya me parece demasiado pequeña, pues mi terruño no se circunscribe a los que hablan mi lengua, sino a los que cultivan la paciencia y se guían por el amor, aunque estén a años luz de distancia. Todos los nacionalismos me parecen demasiado perniciosos y un atentado contra la esencia humana. Y cuando digo todos, quiero decir todos, los imperialistas, los separatistas, etc., todos los nacionalismos huelen sospechosamente.

—Pero ¿usted apoyaría nuestra separación del Estado?

—Sinceramente, la respetaría, pero no la apoyaría con mi voto. Si la mayoría quisiera la independencia, me parecería perfecto. Si la mayoría no la quisiera, también. Mi tarea en este mundo está más allá de tales disputas. Lo mejor es siempre evitar la guerra, promover la hermandad entre todos los seres humanos, independientemente de las diferencias, que, aunque existan, no es lo primordial en esta vida. Por ello, obcecarse en remarcarlas me parece una tarea descabellada, al igual que me parece descabellado el hecho de imponer similitudes donde no existen.

—La verdad que su postura no me parece del todo mal, ya veo que la nación no merece para usted tanta admiración. Es una manera de vivir la suya bastante desapasionada, no sentir amor hacia lo más semejante, dar la vida por ello. Como aquellos poetas románticos de los cuales surgió este dulce ideal del nacionalismo.

—Yo vivo en el estado de la paz mental, de la ecuanimidad. Ese es el camino que me he marcado. En ese estado mental no hay cabida para emociones desbridadas ni para romanticismos suicidas. Yo amo la vida y la muerte. Pero no amo las ideologías, ni voy detrás de quimeras ni conceptos vacíos.

Vivir unos instantes más allá del tiempo de la conciencia vulgar te permite valorar las cosas en su justa medida. Me hablas de poetas que dieron sus vidas presos de una moda pasajera, de un ideal romántico que nubló su conciencia, ¿cuántos de ellos se arrepentirían hoy de su estupidez? Yo puedo dar mi vida por una persona en peligro, por ayudar a un pueblo sitiado, pero no es el ideal lo que me motiva, sino el amor hacia los seres humanos.

—¿No es acaso el amor un ideal?

—Sí, puede que el amor sea también un ideal, un sentimiento, un instinto sublimado. Pero es una herramienta indispensable para crear una hermandad entre todos los seres humanos, más allá de las familias y de las tribus. Yo no persigo el amor, sino que el amor que en mi habita me conduce hacia la universalización de la paciencia, el respeto y la tolerancia. Es un impulso interno que existe potencialmente en cada uno de nosotros, el tamaño del mismo dependerá de la práctica.

Ahora bien, el nacionalismo romántico es una ideología que quizá proceda de la sublimación del instinto o la necesidad de pertenencia a un grupo. Los seres humanos necesitamos formar lazos con otros seres humanos, es lo que se conoce como necesidad de afiliación. Sin embargo, la necesidad de pertenencia a un grupo nos empuja a realizar una diferenciación entre un nosotros y un ellos.

Aquí es donde surgen los problemas, ya que esta diferenciación de raíz biológica puede que hoy haga más daño que bien. Puede que aquellas reivindicaciones de los primeros nacionalistas tuvieran parte de razón, había llegado la hora de la desaparición de los grandes imperios. Pero ya digo, una cosa es defenderse de la imposición llevada a cabo por parte de Estados opresores y otra muy distinta es perseguir ciegamente una ideología o valerse de la misma para dirigir al rebaño hacia posturas radicales con el fin de conseguir simplemente un aumento de votos o una cortina de humo.

—Pero ¿qué debemos hacer? —preguntó la mujer algo confusa e irritada.

—Ya se lo he dicho. Lo mejor es que el pueblo se pronuncie, pero eso no significa que la mejor solución sea alcanzada. ¿Ya que qué ocurriría si muchos de los ciudadanos son movilizados con embustes? ¿No es esto lo mismo que la ausencia de votaciones libres? Para que haya una verdadera democracia es menester que la información sea completamente veraz y que los ciudadanos tengan acceso a la misma. Por otra parte, también es necesario que el sistema educativo sea de gran calidad y no esté politizado ni nacionalizado. Ya ve que son muchos los impedimentos para que una democracia de calidad se dé en un determinado país. Aun así, yo sigo pensando que el referéndum es la mejor forma de resolver este asunto.

—Comprendo— dijo la señora mientras se alejaba arrastrada por uno de sus compañeros—, ahora tengo que irme.

—Está bien— respondió el Mendigo alzando la voz, pues temía que no lo oyera—, ve en paz.

Y siguió su camino dentro de aquel lujoso y artificial centro comercial. Andando cerca de una tienda de animales fue atraído por el colorido banco de peces de un enorme acuario. Ensimismado observó durante unos minutos peces de todos los colores, tamaños y especies, después murmuró en el aire:

«No puedo creer que todos esos peces de especies diferentes puedan convivir en esa pecera y que nosotros no seamos capaces de convivir pacíficamente aun siendo de la misma especie. ¿Por qué estarán algunos tan empecinados en conseguir la independencia? ¿Por qué es el nacionalismo una ideología tan atractiva y poderosa, capaz de causar guerras fratricidas?».

«Debemos tener cuidado de no ser victimas de impulsos que están instalados profundamente en nuestro inconsciente a través de años de evolución y selección natural, impulsos que en algún momento evolutivo tuvieron la capacidad de producir ciertas ventajas adaptativas, pero que en la actualidad son un lastre para las aspiraciones cosmopolitas de una especie universal como la nuestra».

«Qué miedo me dan las ideologías que enfatizan las diferencias hasta tal punto que olvidan la unidad de la especie humana. Igualmente, me horrorizan aquellas que pretenden uniformizar el pensamiento de la masa hasta la producción de la convergencia total, imposibilitando el surgimiento de la fuerza necesaria de la crítica para el buen funcionamiento de toda sociedad».

EL MINISTRO DE CULTURA

El griterío de la muchedumbre allí reunida condujo al mendigo hacia el estado de la conciencia común, indispensable para morar en este mundo, pero insuficiente para comprender los arcanos. Se volvió sobre sí mismo y observó como un grupo de personas vociferaba a un hombre bajito y de poco pelo.

Los allí presentes vestían camisetas verdes y gritaban consignas en contra de la reforma educativa. Otro grupo más reducido también gritaba otras consignas, eran los portadores de las banderas de regiones independentistas. El Mendigo se acercó al tumulto y preguntó a una señora qué estaba ocurriendo. La señora le contestó que aquel personaje era el ministro de cultura, quien había puesto en marcha una reforma contraria a los principios constitucionales.

Al mendigo solo le quedó clara una parte de las reivindicaciones, así que preguntó a la señora qué hacían allí los independentistas. Esta le contestó amablemente que se debía a unas declaraciones del ministro, algo así como que la educación pública era un instrumento para ideologizar las mentes de los adolescentes a favor del Estado central. Mientras hablaban, las fuerzas del orden comenzaron a utilizar la violencia indiscriminadamente. Niños, padres, madres y ancianos fueron golpeados. Esto fue algo que repugnó al mendigo enormemente, pues no vio en absoluto ningún intento por parte de los manifestantes de agredir a nadie.

Cierto que algunos de los manifestantes estaban insultando al ministro, violencia verbal también reprochable, pero sin parangón con el campo de batalla que se organizó en cuestión de segundos. Una vez más las fuerzas del orden se convirtieron en las fuerzas del desorden y la opresión.

El Mendigo se retiró tranquilamente entre la multitud, fue hacia una puerta que conducía a un pasillo ancho y allí se topó con unos aseos públicos. Entró y comenzó a refrescarse el rostro y a lavar la sangre de las personas que habían sido golpeadas a su alrededor. De repente, se abrió la puerta y dos hombres uniformados, tanto por dentro como por fuera, introdujeron al ministro de cultura en los aseos. Inspeccionaron el lugar y cuchichearon entre ellos la estrategia a seguir, decidiendo finalmente permanecer allí hasta que todo se calmara. Seguidamente, uno de ellos se dirigió al mendigo en tono altivo:

—Bien, señor, va a permanecer usted aquí sin mover un solo dedo hasta que la tempestad amaine. Si se le ocurre dar la lata, yo mismo me ocuparé de sacarlo de aquí de una patada en el culo.

—Tranquilo— respondió el Mendigo con total calma—, algunos vivimos más allá del gregarismo.

164

No seguiré la conducta que he visto fuera, tampoco el estado de ánimo de la multitud. Mientras todo transcurría me centré en mi sola respiración, así que no existe en mí ni un ápice de agresividad. Nosotros, los que conocemos nuestros estados mentales y nuestras emociones sabemos que la mejor forma de derrotar la violencia y los impulsos agresivos es a través de la práctica de la paciencia. Sin embargo, ya veo que algunos intentan erradicar la violencia con una violencia aun mayor.

—Vamos a ver, creo que no te has enterado— respondió el otro guardaespaldas—. Mi compañero te ha dicho que no muevas ni un solo dedo, eso incluye tu bocaza. Deja de decir estupideces y aparta tus sucias ropas del señor ministro.

—Ya está bien— dijo el ministro—, aunque cada uno tenga lo que se merece, dejemos que este hombre hable tranquilamente, pues ya hemos tenido bastante fuera con esos salvajes que no paraban de gritar.

—Ya veo que es usted un hombre educado— respondió el Mendigo—, sin embargo, he de decirle que los de ahí fuera no son salvajes, sino personas que solo quieren que sus derechos no sean violados. De todos modos, no me gusta demasiado el término *salvaje,* pues me recuerda un poco al pensamiento etnocéntrico, del que algunos todavía no han salido. Es más, incluso los animales salvajes se guían por la sabiduría de la naturaleza, una sabiduría basada en millones de años de evolución y gracias a la cual nosotros mismos podemos hoy en día vivir.

—Esos de ahí fuera no han comprendido el juego democrático. Mi partido ha sido elegido, por lo que tenemos total libertad para tomar las medidas que consideremos más óptimas.

—¿Óptimas para quién? ¿Para la Iglesia? ¿Para los más ricos? Claro, ¿cómo no iban a estar enfadados la gran mayoría de los ciudadanos si lo que ustedes están haciendo es imponiendo medidas a través de decretazos? Ustedes y los que estuvieron antes que ustedes. Existe un defecto de partida en vuestra Constitución, el permitir demasiada libertad a un partido durante cuatro años. Esto causa que los decretos se conviertan en órdenes a acatar por una ciudadanía impotente. Eso es justamente lo que provoca un incremento de los impulsos agresivos, la impotencia, la frustración, el miedo y la desesperación.

Dígame, ¿no son acaso sus medidas perjudiciales para la gran mayoría de la población y para la calidad de la enseñanza pública? Si se aumenta el precio de las matrículas y se reduce el número de becas, ¿no implica ello que las personas con menos recursos tendrán más dificultades para poder estudiar? Por otra parte, si se aumenta el número de estudiantes por clase y se despide a un vasto número de profesores, ¿no es eso perjudicial para nuestro sistema educativo? La verdad que no veo por ninguna parte la bondad de sus medidas. Por no hablar del empecinamiento por mantener en el sistema educativo público el privilegio de una iglesia y la ideología católica como una imposición que recae sobre el bolsillo de todos los españoles.

—La moral católica no es una ideología, sino que es nuestro sistema de valores. En cuanto al resto de medidas, yo le aseguro que se puede hacer más con menos.

—¿Hacer más con menos?, eso es una tontería. Lo que ustedes pretenden es desviar fondos públicos para ir poco a poco aumentando los recursos de los centros concertados y privados relacionados con la ideología católica. Porque eso es lo que es, una ideología. Además, una cosa es el catolicismo y otra, muy distinta, el mensaje de Jesús. El problema del catolicismo es que ha emponzoñado el mensaje original con una gran cantidad de dogmas y mentiras, pues los valores que se han impuesto no son los que predicó el Mesías.

El cristianismo procede de la misma zona del mundo que las otras religiones monoteístas, esa zona no es exactamente la nuestra. Así, no comprendo porque algunos se empeñan en que pensemos que esta religión es la nuestra y que sus valores son nuestros. Ni yo admito esta religión como la mía, aunque la respete, ni tampoco los valores, aunque algunos coincidan con los míos.

Sí, ya sé que usted dirá que esos valores, quiera yo o no, están presentes en nuestra cultura. Pero déjeme decirle que la mayoría de ellos no son siquiera originales del cristianismo. Cuando mi conciencia ocupaba otro cuerpo en otro eón, muchos de los valores de los que vuestra civilización cree ser madre ya existían.

Yo mismo hablé, siendo Shakyamuni, del respeto hacia todos los seres humanos, incluso hacia todos los seres no humanos. También hablé de la necesidad de la paciencia y de la búsqueda del amor en nuestro propio interior, como algo que nos guía y nos une más allá de las distancias espaciales y temporales. Inventé un método para combatir el sufrimiento producido al ser consciente de la impermanencia de todo lo existente, una práctica-estudio que cualquiera puede desarrollar, ya que cualquiera puede ser lo que yo soy.

Ya ve, el amor, el respeto, la paciencia, la tolerancia, la defensa de todo tipo de vida, la generosidad, la compasión y la dignidad, por poner algunos ejemplos, existían antes que el cristianismo, es más, existían verdaderamente. Además, se extendían más allá de nuestra propia especie, hacia todo lo existente, incluso un trozo de madera es digno de respeto.

Yo viví en un bosque, renuncié a todas mis riquezas, vencí todos mis deseos, practiqué la paciencia, reduje la presencia de los impulsos agresivos y de los pensamientos negativos. A través de mis transmigraciones he sido testigo de la degradación de la moral hacia el antropocentrismo, la intolerancia, la avaricia, la explotación animal, la sobreexplotación de los espacios naturales y la hipocresía.

Aquellos de nosotros que con una conciencia alada viajamos en el tiempo y en el espacio, vamos de cultura en cultura recolectando lo más valioso y desechando lo que pretende imponer falsas barreras entre las personas. Nuestro hábitat natural es el universo como un todo, por ello, ¿cómo vamos a permitir que una sola religión se erija en la portadora de los valores verdaderos?

El inicio de esos valores, su aparición en este mundo, es anterior al nacimiento de la especie humana. Lo que ocurre es que el universo se ha hecho consciente a través de nosotros de la aparición de los mismos y de su propia grandeza. A su vez, la conciencia no es una propiedad en sí humana, sino que el universo entero tiende hacia la creación de la misma a través de los elementos esenciales de los que está compuesto. Se puede decir que el universo es por ello ya conciencia, pero no solo este universo, sino el conjunto de los infinitos universos, que al ser infinitos no son ni siquiera un conjunto, solo hablaba por hablar.

—Lo que usted está diciendo es una insensatez— gritó el ministro de cultura—. Dios fue el que creó el

169

mundo, solo este, por cierto, y el que posteriormente ha hecho posible que existan los valores. Si no fuera así, entonces el mundo no tendría ningún sentido, solo sería una mezcla de azar y determinismo ciego, pura vacuidad.

—Lo primero que he de decirle es que los valores tienen ya en sí un trasfondo biológico. Si usted observa detenidamente el comportamiento de un gran número de especies animales verá que respetan muchos de los valores que consideramos como exclusivamente humanos. De hecho, cuando no los respetan, se debe, en gran parte, a la necesidad y al hambre. Por ello, se puede decir que tienen esa excusa.

Sin embargo, nosotros, aun siendo conscientes de los valores morales, muchas veces no los respetamos. No por una imperiosa necesidad, sino por el ansia de poder, la avaricia, el orgullo, la necedad y la intransigencia. La naturaleza ha sabido guiar sabiamente a los moradores de los bosques a través de millones de años de evolución, pero nuestra conciencia nos impide basarnos en aquella. Así, somos los únicos animales que hemos ido un pequeño paso más allá en el camino evolutivo, pero no porque nosotros lo hayamos planeado, sino porque azarosamente la selección natural abrió esa senda novedosa.

Para mí, Dios no creo el mundo ni ningún valor moral. Puedo vivir tranquilamente sin pensar ni un solo segundo en la existencia de un ser supremo que supuestamente envuelve de sentido lo existente. Es cierto que la impermanencia es un atributo esencial de los mundos, pero no es necesario vivir en un estado esquizoide a nivel social para combatir el sufrimiento que esto nos produce.

Nosotros vivimos en un mundo en el que se da la determinación y el azar al mismo tiempo, la prueba más evidente de ello es el proceso de selección natural a nivel genético. Los genes nos determinan de partida, pero qué genes son los que nos determinan depende de factores fortuitos. Vivimos en un mundo en el que del orden surge el caos y del caos resurge el orden. Pero ya digo, no necesito a Dios para comprender y sentir la unión de todo lo existente, incluido yo mismo, es decir, mi mente-cuerpo. Los infinitos universos y todo lo que nos rodea es ya trascendencia y religación. Por ello, incluso en el azar y en el determinismo puede existir el sentido, al igual que en el mundo pueden existir la impermanencia y la sustancialidad al mismo tiempo.

Claro que la sustancialidad no será aquella siempre igual de la que hablaban los filósofos antiguos, sino sustancia en el sentido de una forma que se mantiene fiel a sí misma, pero que al mismo tiempo cambia. Incluso con el paso de los eones puede convertirse en otra diferente, aunque con ciertos rasgos compartidos con la etapa anterior.

Lo ve, el paisaje no es tan desolador cuando Dios se esfuma. De hecho, en ese preciso instante la religión, es decir, la religación de todo lo existente, se hace patente más allá de delirios colectivos. Pues he de decirle que yo soy una persona completamente religiosa y, al mismo tiempo, profundamente atea. Por muy extraño que eso suene a sus oídos occidentalizados.

—No estoy en absoluto de acuerdo con usted. La religión como yo la entiendo es imposible sin Dios. Además, la educación en este país continuará apoyando y apoyándose en la religión como la mejor manera de educar a nuestros hijos y de inculcarles unos valores morales. Por ello, y esto que quede entre nosotros, vamos a hacer todo lo posible, como siempre, para favorecer a la Iglesia y a los centros educativos católicos. La religión será una asignatura que contará para la nota media de los alumnos que la elijan. Así de simple, con consenso y sin consenso. No nos importa lo que los demás opinen.

En cuanto a que la educación debe ser para todos igual, yo no pienso así, la educación universitaria debe ser para los que tengan medios económicos suficientes, los que no tengan medios y no lleguen a alcanzar una nota mínima no tienen que seguir estudiando. No son más que una carga para el Estado. Eso es lo que se está llevando a cabo en otros países.

—Perdone usted, señor ministro, pero si fuera por el nivel de inteligencia de cada persona, la mitad de los miembros de su partido no tendrían que haber recibido ninguna educación universitaria. Cuando los oigo hablar, me doy cuenta de que no entienden la mitad de las cosas que dicen, lo único que entienden es el hacerse ricos a costa de los demás, eso sí que lo han comprendido.

Por cierto, ustedes sí que son una gran carga para el Estado, según nos cuentan los mensajeros del gran continente. Esos perros están ladrando a los cuatro vientos que son ustedes unos corruptos y que el gran continente pierde una gran cantidad de dinero debido a sus corruptas prácticas.

Pero ya está bien de cháchara, ya estoy cansado de escuchar argumentos falaces que lo único que pretenden es disfrazar el engaño con dulces palabras. Parece que ahí fuera todo se ha apaciguado, así que seguiré mi camino, ministro de los ricos y católicos.

Y allí los dejó, al ministro y sus robots. Salió del centro comercial, donde solo quedaban los restos de una batalla campal. Ya había anochecido. Buscó un lugar donde pasar lo noche, pronto encontró un gran parque y una fuente. Bebió todo lo que pudo para purificar su cuerpo, aunque el agua no fuera de su agrado. Comió algunas naranjas que una anciana le había dado de camino al parque. Meditó durante un buen rato, pues conversaciones con personas que no pueden ver más allá de sus narices son agotadoras. Se tumbó en el húmedo césped y habló así a los animales nocturnos:

«¿Qué tendrán algunos en la cabeza que solo quieren fomentar los prejuicios y los estereotipos? No sé que habrán estado pensando durante sus vidas, pero me temo que han vivido en el error y en la oscuridad, como aquellos que solo se dejan llevar por los instintos más primarios sin percatarse de que no todos ellos son hoy necesarios. Nuestros pequeños esperan de nosotros una educación verdadera, sin embargo, estos oscuros solo quieren imponer dogmas y prejuicios, resaltar absurdas diferencias».

«Dime, grillo de jardín, qué puedo hacer para convencer a estos prejuiciosos de que hay algo más que su pequeño ombligo. Están tan centrados en hacer del mundo algo soportable y benéfico para sus sufrientes espíritus que sus creencias los conducen a cometer injusticias contra aquellos que viven más allá de su cobardía y cerrazón. ¿Cuáles son las notas que debo tocar, cuáles son las melodías que apaciguan sus espíritus? Debes proporcionarme unas nuevas porque las que ellos difunden son veneno para la humanidad».

«Se han empeñado en que aceptemos su mentira como la verdad sagrada, están intentando aniquilar el pensamiento crítico a todos los niveles, empezando por las escuelas y las universidades».

«Sol, hermano, saldrás mañana para envolver con tu luz clarificadora la sociedad envenenada que me he encontrado después de mi gran retiro. ¿Cuánto tiempo pasará hasta que los dormidos despierten?, ¡si es que despiertan!».

EL PERIODISTA

Y su hermano sol lo recibió por la mañana, sus rayos golpearon sus ojos. Se despertó con una gran sonrisa y se dirigió a la fuente a realizar el ritual de costumbre. Esa mañana miles de mariposas se habían acercado al parque, embelleciendo los árboles y las flores con sus coloridas alas. Cuando el Mendigo hubo terminado su aseo, todas las mariposas revolotearon sobre él y se posaron confiadamente sobre todas las partes de su cuerpo. El Mendigo las recibió alegremente y por un instante lo trasladaron a su bucólica vida en la montaña.

Después de un momento de gran paz, reparó en que una luciérnaga se acercaba a él, apenas la veía. Los rayos de sol eran demasiado potentes, disipando la luz emitida por el pequeño insecto. Se preguntó qué hacia allí y así la habló:

—¿Qué haces aquí, tan lejos de los limpios bosques?

—He venido a prevenirte, pues en poco tiempo alguien querrá engatusarte con bellas palabras. No debes olvidar, sin embargo, que solo puede emanar luz de lo que no trabaja para los oscuros.

—Bien, amiga, estaré atento. Creo que sé contra quién me previenes. De todos modos, la culpa no la tienen solo ellos, sino los ociosos que leen y que escuchan. Un gran sabio dijo una vez: *un siglo de lectores todavía y hasta el espíritu olerá mal.* Siento decir que sus augurios se han cumplido.

Dicho esto, la luciérnaga siguió su camino y desapareció entre los árboles. El Mendigo salió de la protección del parque y se adentró en aquel mugriento lugar llamado ciudad. Caminó y caminó, y pronto se percató de que se encontraba en la puerta de un gran edificio. Era la sede de un grupo de comunicación. Entró en el edificio aprovechando un descuido del guardia de seguridad y se dirigió a la zona de los trabajadores. Una vez allí, preguntó por el gran jefe. Los periodistas, atareados y asombrados, le fueron indicando hacia donde dirigirse. Finalmente, llegó a la puerta del director del periódico, pues era la máxima autoridad en ese momento, y entró sin vacilar un solo segundo.

—Buenos días —dijo después de golpear la puerta suavemente siete veces—, me han dicho que podría encontrarlo aquí. Déjeme que me presente, soy el Mendigo y no busco trabajo. Prefiero morir de hambre que tener amo.

—Buenos días, señor mendigo, es una broma, ¿no? ¿Quién eres, algún personaje de la nueva serie que estamos grabando? La verdad es que lo has clavado, pareces un *puto* mendigo. Pasa, pasa, voy a adivinar quién eres en cuanto digas dos frases más.

—Soy el que tenía que venir. La luciérnaga me previno, pero al mismo tiempo me señaló el camino con insinuaciones.

—Ja, ja, ja —reía el director—, eres realmente bueno, *cabronazo*. Bueno, venga, dime quién eres. Eres el nuevo, ese que va a hacer de pobre en la serie, ¿verdad?

—Ya se lo he dicho, no soy ningún falso mendigo. Simplemente, es hoy cuando nos teníamos que encontrar. Así que es aquí donde la hiena tiene su despacho —continuó. Es un bonito lugar, eso sí, las vistas son horribles. Esos edificios de ahí enfrente son realmente feos y grises.

—¿Cómo que hiena? —preguntó el director bastante sorprendido. Vamos a dejar las cosas claras de una vez, ¿usted no tiene nada que ver con mi periódico?

—Pues, sinceramente, no. Fíjese en mí, cree usted que yo vendería mis opiniones y manipularía a las masas para contentarlas con chivos expiatorios.

—Bien, se acabó, a si que ha entrado aquí sin permiso a insultarme, con esa ropa y ese aspecto. ¿Qué quiere usted de mí?

—Vengo a decirle que estoy cansado de leer estupideces en sus asquerosos periódicos, el suyo y la gran mayoría de los que hay en este terruño. ¿No les da vergüenza utilizar todas esas técnicas manipulativas e intentar seducir a los lectores para que crean cuentos que encubren las trampas de los que pagan sus sueldos?

—¡Oh!, vaya, es usted muy gracioso. ¿Qué quiere que hagamos? ¿De qué sirve ya la neutralidad y la imparcialidad? ¿Eso nos da de comer? Le diré que apenas vendemos periódicos. Los lectores no quieren pagar ya por lo que leen, lo virtual es lo que ahora se lleva. Y lo virtual es sinónimo de gratuito. Quien pague por la publicidad en nuestros medios, ese es nuestro dueño y su verdad es nuestra verdad.

—En eso tiene razón, la muerte de los grandes pueblos llegó cuando no quisieron pagar por lo más valioso. Yo tampoco sé qué les ocurre a los ciudadanos de hoy. Prefieren antes pagar fortunas por inservibles joyas que pagar lo justo por una información veraz y contrastada.

—Lo ve, ¡yo vivo de lo que me dan los grandes empresarios y de contactos en las administraciones públicas! Me debo a ello, ¿cómo voy a decir la verdad sobre sus prácticas delictivas? Si los ciudadanos no quieren pagar, ¿por qué voy a hacerlo yo?

—Sí, algunos ciudadanos de hoy son como garrapatas, siempre buscando el cuello y las orejas, creen que todo lo intelectual no tiene que ser remunerado. ¡Es tan etéreo para sus sólidos cuerpos! Pero eso sí, no les rebaje usted el sueldo, no les diga que tienen que trabajar un día más a la semana.

Entonces se enfadan y gritan a los cuatro vientos lo injusta que es esta sociedad.

No se dan cuenta de que con cada una de sus acciones están arruinando la vida de los que viven de lo espiritual. En verdad le digo que al final los periódicos se tendrán que regalar y lo buenos libros serán solo parte de la historia.

—Bien —, sonrió el director, entonces me está dando usted la razón. Lo ve, no podemos hacer nada los que ahora estamos en esta profesión, estamos vendidos.

—La verdad, loro de feria, ustedes han estado siempre vendidos, ¿o qué pretende?, decirme que antes de esta ola de lectores gorrones no había que lavarse las manos después de coger uno de sus periódicos. Está claro que ahora puede que sea incluso peor, solo repiten las consignas de los que les dan pipas. Loros, eso es lo que son ustedes. Esta es la época de la gran desinformación, mucha información y gran parte de ella falsa.

—Ya está bien de insultarme, mendigo. ¿Y que me dices de ti? Tú sí que das lástima, aquí vestido de esa manera, viviendo a la intemperie. Y me dices que lo mío es grave. Cuanto antes comprendas que esta es la forma en la que funciona el mundo, mejor para ti. Puede que te dé incluso un trabajo en mi periódico, pues parece que estás lo suficientemente versado.

Cuando dijo esto, el Mendigo se acercó con ecuanimidad, preparó un gran escupitajo y se lo arrojó sobre su mesa:

— ¿Ves eso? Eso es tan puro que hasta tus lectores lo apreciarían más que la bazofia que escribes. Aunque me pagaras todo el oro del mundo, nunca trabajaría para ti. No es exactamente dinero lo que necesito. Cuando llegue el momento y vea la señal que me anunció la lechuza, tú y todos seréis testigos del gran ascenso. Hasta entonces, limpia tu rostro en ese escupitajo, será lo más limpio que encuentres en cientos de kilómetros a la redonda. Ya me previno la luciérnaga contra la gran tentación.

Dicho esto, se dirigió hacia la puerta del despacho y salió tranquilamente. Ya en la calle, buscó un lugar en el que beber algo, entró en un bar y consiguió un vaso de agua con la condición de que no regresara nunca. Salió compadeciéndose del camarero y comenzó su diálogo interno:

«Qué mal veo este país si las cosas no cambian. No sé por qué, pero los ciudadanos no han comprendido que los periodistas, los escritores, los músicos y todos los que explotan el mundo invisible tienen derecho a comer. No poder cobrar lo que consideren razonable por su trabajo, eso es algo injusto. Un trabajo que hace un gran servicio a la humanidad y que debería pagarse con gratitud».

«La época de las masas, del consumismo y de la información va a acabar con uno de los baluartes de los sistemas democráticos, la libertad de pensamiento. Si los que piensan para los demás no tienen derecho a cobrar por ello, cada vez serán menos los que puedan opinar objetivamente sobre los asuntos. Llegará un momento, si es que ese momento no ha llegado, que todas las opiniones de los que piensan para la gran masa no serán más que un reflejo de lo que les ordenan aquellos que pagan».

«Qué le vamos a hacer, cada uno cosecha lo que siembra. Vosotros no sembréis y dentro de poco moriréis de hambre. *Libertad de pensamiento*, decís; *libertad de prensa*, gritáis. *Algo de dinero a cambio*, os responden los famélicos espíritus, y miráis para otro lado».

«*La información debe ser gratuita*. Ese es vuestro lema. Vosotros pensad así, dentro de poco os veré cavando trincheras».

Después de un tiempo completamente abstraído, el Mendigo miró hacia el cielo y dijo en tono solemne:

«Pobres los que crean que los pensamientos y las palabras son neutrales, ¡quedan tantas matanzas por acontecer todavía!».

«Andrómeda, tú que te diriges hacia nosotros y algún día lo arrasarás todo, eres más digna de amor que estos ignorantes con conciencia».

«Y estos que se venden por migajas de pan; palomas mensajeras y loros enjaulados, ¿cuánto tiempo más habrá que soportarlos?».

LA RACISTA

De repente, un gran revuelo llamo la atención del Mendigo. Este salió de sí mismo y se acercó al lugar para ver lo que pasaba. Un gran número de personas con insignias de guerra y muerte estaban gritando y golpeando a unos extranjeros. El Mendigo se quedó sin respiración y un escalofrío recorrió su cuerpo:

«No puedo creerlo, la epidemia de la violencia sigue aquí. Creo que está empeorando, lo veo en los ojos de estos insensatos. No saben lo que hacen ni lo que dicen, estos, los hijos de la desesperación y los prejuicios».

El Mendigo corrió a socorrer a los apaleados y recibió también algunos golpes de aquellos salvajes sin pelo en la cabeza. Los pobres extranjeros salieron corriendo como pudieron y escaparon a un linchamiento mortal. Entonces, el Mendigo se quedó solo ante esta manada de lobos hambrientos y alimentados por los partidos que todos sabemos.

En ese momento, todos se fueron hacia los inmigrantes, solo quedó una joven con un peinado extraño y cara de mala leche. Se había fracturado el tobillo al golpear la cabeza de uno de los linchados.

—¿Quién eres tú, sucio mono? ¿Cómo te atreves a inmiscuirte en nuestra tarea de limpieza de las calles? No ves que tu sola presencia nos da asco.

—La pregunta no es quién soy yo, la pregunta es de dónde habéis salido vosotros —respondió el Mendigo ligeramente aturdido por los golpes. Algo ha tenido que fallar. Después de tanta lucha por pulir hombres y mujeres, resulta que me encuentro con autómatas asesinos que no comprenden nada. Vuestras cabezas son como cocos, son duras, pero solo tienen algo de líquido. Sois un claro ejemplo de que no hace falta atizar mucho el fuego para que empiece a arder.

—Cerdo — respondió la chica, ¿de que coño vas tú? Si pudiera moverme te patearía la cabeza, así dejarías de decir gilipolleces. No sé qué te has creído, pero ni tu ni esos asquerosos tenéis derecho a vivir aquí. Tú no eres más que un parásito, un ser inferior, otra raza. Al igual que ellos, con esas caras y ese color de piel, ¿cómo vamos a tolerar que ensuciéis nuestras calles con vuestra presencia? Estos solo vienen a robarnos los trabajos.

—Bien, bien. Ya veo que te han lavado el cerebro de una manera efectiva. Estabas tan deprimida en tu vida, eras tan joven, no encontrabas un sentido a todo lo que acontecía. Entonces llegó el grupo y te ofreció un sentido, te ofreció protección. Tú yo se aferró a él como el metal se aferra al imán y los mecanismos de identificación e imitación hicieron el rcsto.

Es tan triste tu situación, pequeña, que no sé cómo comenzar a ayudarte. Déjame que te explique algo ahora que no puedes moverte y no tienes más remedio que permanecer aquí.

—Deja de hablar de una vez —, cierra esa sucia bocaza, que no dice nada más que mentiras. No ves que te odio, te odio. Eso es lo único que quiero saber sobre ti.

—Tranquila, me imagino lo que te habrán contado. Toda esa retahíla de prejuicios y estereotipos. Ya lo estoy escuchando, se aprovechan de nuestro débil cerebro evolutivo, marcado por la xenofobia para poder vivir en aquellos años duros del pasado remoto. Aquellos años en los que nuestros ancestros necesitaban confiar solo en los de su grupo. Por ello es tan fácil manipular nuestro pensamiento. En nuestro cerebro, ya se alojan esos mecanismos como un polizón en un barco.

Con un poco que se alimente esa tendencia a la identificación con el grupo y la diferenciación con respecto al resto, ya se ha caído en la trampa. Y déjame decirte que eso es lo que te ha ocurrido, has caído en la trampa de los que quieren manejarte como un autómata para conseguir sus propias metas e imponer la barbarie.

—Todo lo que dices es una asquerosa mentira. Nadie me ha engañado, al contrario, me han mostrado la verdad. Esa verdad incómoda que los débiles no queréis reconocer. No queréis reconocer que existen diferentes razas y que unas son más inteligentes que otras. Eso es lo que os pasa.

—Niña —replicó tranquilamente el Mendigo—, eso que dices de las razas es solo una mentira que utilizan los que quieren demostrar justo lo que no son. Si de veras fueras tú y tus compañeros tan inteligentes, ¿por qué os dedicáis a dar golpes a los que son diferentes? Antes de comenzar a hacer tales cosas, dime, ¿qué hacías exactamente?

No hace falta que me respondas, lo sé. No hacías nada. Tus estudios no iban bien, dejaste de estudiar y no encontraste trabajo. O quizás encontraste un trabajo que no te satisfacía, algo que era mecánico y agotador. Te sentías tremendamente débil ante un mundo tan competitivo, no encontrabas una salida a esa situación de desamparo de la que ahora no te podían sacar tus padres. Estos ya no tenían las respuestas a tus preguntas. O quizás tus padres se separaron y tú ni trabajabas ni estudiabas. ¿Dónde estaba tu autoestima entonces?

Y, después, conociste a tus supuestos salvadores. Ellos te mostraron el camino y tú te uniste a ellos dócilmente al sentir como tu autoestima comenzaba a salir a flote. Te introdujeron en un mundo ficticio y te hicieron creer que tú eras superior a los demás, tú, la que siempre había estado abajo, la que se sentía mal.

Quizá tuviste que pasar por algún ritual de iniciación, cambiar tu aspecto y adecuarlo a sus estilos, acatar sus órdenes. Pero qué importaba, por primera vez en tu triste vida de inadaptada algo tenía sentido, y para una persona sin esperanza, ¿no es mejor un sentido horrible que ningún sentido?

—Ummm! —masculló la niña, incapaz de articular una sola palabra. Tenías que hablar de mis padres, lo sabía, ahora sí que estoy cabreada, ahora sí que te mataría —dijo mientras rompía a llorar.

—Lo siento —se disculpó el Mendigo—, solo quería llegar al núcleo del problema. Así que es eso, algo pasó con tus padres. Eso fue lo que te hizo buscar un apoyo fuera de casa, un respaldo fuerte que te protegiera. Es una lástima que los adolescentes como tú tengáis que pasar por esto. Y lo realmente deleznable es que hay grupos políticos que se dedican a reforzar este tipo de prejuicios de xenofobia y racismo.

Mírame fijamente a los ojos, pues yo soy el que has estado esperando. Dentro de poco iniciaré la gran tarea, solo debo esperar la señal. Aférrate a mí como te aferraste a esas bestias manipuladoras, yo te mostraré un camino que sobrevuela la violencia y los prejuicios, un camino que te hará libre.

—No puedo creerlo — dijo sollozando—, pero algo muy dentro de mí está comenzando a despertar de un largo letargo. ¿Quién eres tú? La claridad se ha apoderado de mi mente y he visto por primera vez todo el proceso del que hablas. Me he visto a misma como en una película y ahora comprendo el vació que sentía cuando era una niña pequeña. Ese vacío era insoportable, ver a mis padres separarse.

A partir de entonces todo se torció. Yo estaba completamente ciega para el amor y los que en verdad querían ayudarme se convirtieron en mis enemigos. La ira se apoderó de mí y los que profetizaban la llegada de un mundo de dominación y violencia atrajeron mi confusa atención. Su falso poder me sedujo. Por primera vez, podía formar parte de algo grandioso, de algo revolucionario. Por primera vez, tenía una tarea y alguien contra el que canalizar mi frustración.

Y así comencé a vivir con ellos, a seguir sus campañas de limpieza. Desahogaba mi ira en esos que eran inferiores. Y ahora estás aquí, maldito seas, ¿por qué no has venido antes?

—A tu alrededor había mucha gente como yo, pero la ira te cegaba. Ahora que sabes que tu principal enemigo está en tu interior, deseo enseñarte mi método de meditación. Cuando lo controles, entonces podrás construir un mundo basado en el amor, la generosidad, la paciencia y la tolerancia. Eso es lo que te hará verdaderamente grande y feliz.

Y así continuaron hablando durante un largo tiempo. Esperaban a que llegara la madre de la niña, pues el Mendigo le había aconsejado llamarla como un primer paso para la reconciliación. Le explicó en qué consistía su método y dónde poder practicarlo, pues solo con la práctica lo comprendería verdaderamente. Cuando llegó la madre, las animó a acercarse a alguna asociación que contara con el apoyo de profesionales. Tras unos saludos de despedida, se despidió de ambas y les prometió que se volverían a encontrar. El Mendigo quería ser testigo de su renacimiento.

Y continuó su camino. Fue a lavarse las heridas a una plaza cercana, tiñendo de sangre el agua de la fuente. Al ver como se extendía pequeños caminitos de sangre, pensó:

«Ahí va mi espíritu, mi conciencia. La sangre es espíritu. Ha merecido la pena ayudar a esta niña a reencontrar el verdadero camino. ¡Qué asco me dan esos políticos gritones que apoyan a los que linchan a los inocentes! Sí, esos politicastros que comparten la ideología de la barbarie con estos perros de presa bien amaestrados».

«¡Qué mentes más débiles y simples las de aquellos que se aferran a las ideologías del odio para poder llegar al poder! Aquellos que culpabilizan a los inocentes de sus propias desgracias y de sus propias insuficiencias. Esas mentes fanáticas y carentes de espíritu crítico y libre. Pensar que después de la gran guerra sigue habiendo quien cree en las bondades de estas ideologías es algo que causa pavor».

«A saber de qué están hechos estos personajes que utilizan cualquier medio para llegar al poder. Estos personajes que han construido una imagen de sí mismos que no se parece en absoluto a lo que son en realidad, pura ignorancia. Todos ellos me recuerdan a nuestro presidente del gobierno, siempre escondiendo su verdadera y oscura ideología, sin decir abiertamente los intereses que sirve y los prejuicios que lo guían. Sin embargo, sus gestos y sus actitudes, sus declaraciones inconscientes hablan por él. Es en ese momento cuando te percatas de lo cerca que se encuentra la humanidad del camino de la barbarie».

Y así continuó el Mendigo durante un tiempo, hasta que una voz lo saco de sus razonamientos.

EL MINUSVÁLIDO

—Perdone, perdone, señor, ¿puede usted ayudarme? Soy incapaz de pasar por aquí con mi silla de ruedas.

Se trataba de una persona que no podía caminar y que necesitaba su silla para poder desplazarse por la ciudad. El Mendigo lo miró y se dirigió raudo hacia él, elevando, al llegar, la parte delantera de la silla y luego la trasera.

—Ya está. ¡Qué mal está todo esto para ustedes, los que caminan sobre ruedas! Estos gobernantes, siempre haciendo promesas y luego incumpliendo todas. Obligan a los establecimientos privados a cumplir con la ley y a ayudaros a que vuestra vida sea más cómoda, y, sin embargo, ellos no cumplen con ninguna de sus leyes. Veo esta calle y no entiendo cómo puedes sobrevivir cada día a tanto impedimento.

—Muchas gracias por ayudarme, señor. No lo sabe usted bien. Cada día es una tortura. Siempre es lo mismo, prometen y prometen, pero esto no cambia. De hecho, ha ido a peor. Se ha enterado, ¿verdad?

—Sí, me imagino lo que me va a contar. Se refiere a lo de la ley de dependencia.

—Exactamente. Nos han retirado prácticamente todas las ayudas económicas. Personas que llevan años postradas en las camas sin poder moverse no tienen derecho a nada. Antes tenían sus pagas y así las familias podían hacerse cargo de ellos. Ahora no tienen paga y muchos de sus familiares están en el paro. ¿Es eso justo?

—La verdad, no. No solo no es justo, es asqueroso que estos señores salgan cada día en sus telediarios subvencionados y mientan sobre lo que les están haciendo. Los están dejando morir poco a poco. Para ellos son los superfluos, la carga que el Estado no debe soportar. ¿No le recuerda esto a horribles épocas pasadas?

—Sí, es algo que no llego a comprender. Y la Iglesia no dice nada para apoyarnos, temiendo recibir menos dinero del Estado. Nos han abandonado a nuestra propia suerte.

—Esos predicadores de la muerte lo tienen claro, prefieren dinerito fresco que convalecientes bien cuidados. Pero no se preocupe, que ya rezan por ustedes. Esos hipócritas, ¿cuándo predicarán con el ejemplo?

—No lo sé. Yo no tengo ninguna esperanza en ese sentido —respondió desolado el muchacho. Todo apunta a que esto seguirá como siempre. En cuando a los gobernantes, tampoco veo una salida. Los otros eran malos, pero estos nos aniquilan.

—Ten esperanza, amigo, pues se acercan tiempos de cambios. Ten esperanza en mí, he traído un nuevo mensaje, solo estoy esperando la señal. Mientras tanto continúo con mis enseñanzas, pero todo llegará.

Confía en que algún día los ciudadanos estarán tan cansados de estos comediantes usureros que abrirán sus ojos y sus oídos para nuevos rostros y palabras. Aunque he de reconocer que esos momentos de cambio son también muy peligrosos, pues cuando la gente está muy desesperada, a través del miedo y la necesidad, es fácilmente manipulable.

Pronto, llegará la hora de mi actividad suprema, el momento para el que me he estado preparando todos estos años sin saberlo. La lechuza me previno justo antes de partir, tú eres solo una señal de que el momento está llegando.

Ya puedo sentir el latir del corazón de millones de personas, no sé cuándo ni cómo, pero lo siento. Ha llegado la hora de que la ecuanimidad, la justicia, la generosidad y la tolerancia ocupen el lugar que les corresponde. ¿Cuándo te necesite me ayudarás, tú, el que camina sobre ruedas?

—Sí, claro. Pero ¿cómo podré ayudarte?

—Ya lo verás, ya lo verás. Ahora debo marcharme.

Y el Mendigo siguió su camino. Caminó y caminó. Mientras caminaba se decía a sí mismo:

«¿Cuándo reconocerán algunos gobernantes lo que verdaderamente piensan de los minusválidos, de los desamparados y de los inmigrantes pobres? ¿Dirán alguna vez públicamente que no son más que unos superfluos? Pues eso es lo que piensan, que estas personas son unas rémoras y un gasto para el Estado».

«No lo dicen públicamente, pero nosotros comprobamos con sus hechos que son unos verdaderos comediantes. Les gustaría acabar con todos ellos. ¿Qué sería de estos pobres si desapareciera el poder de la opinión pública, si nunca más se tuviera que votar?».

«Cuando ciertos gobernantes solo piensan en el beneficio, especialmente en su propio beneficio, ¿para qué gastar, piensan ellos, dinero y recursos en los que nada tienen? Dejarlos morir, eso es lo que les gustaría realmente».

«Pienso en épocas no tan remotas y me acongojo, pues parece que algunos no han entendido la lección que la historia nos ha ofrecido. Vosotros seguid alimentando a bestias carroñeras y pronto veréis como acaban pelando vuestros propios huesos».

«Hijos de la barbarie, predicadores de la muerte, poseeréis mil cuerpos, pero sois solo una conciencia. Yo la reconozco y es mi enemiga por los siglos de los siglos».

LA VÍCTIMA

—Cuidado, señor —gritó una mujer mientras tiraba del brazo del Mendigo. Han estado a punto de atropellarlo. No se ha dado cuenta de que iba a cruzar la carretera antes de que el semáforo estuviera en rojo.

—Gracias —respondió el Mendigo algo confundido. No, no me he dado cuenta. Estaba viajando en territorios interiores y no he reparado en lo que tenía delante de mis narices.

—Tengo bastante prisa, justa ahora comienza un acto para las víctimas del terrorismo y me gustaría llegar a tiempo.

—¡Oh!, bien, ¿podría entrar con usted?, he estado siguiendo todas sus declaraciones a través de mis amigos del bosque. Me mantuvieron bien informado.

—¿Sus amigos del bosque? ¿Está seguro de que se encuentra bien? —preguntó la mujer bastante sorprendida.

—Sí, estoy muy bien. Me han contado todo, señora. Me dijeron que han estado riéndose de ustedes todos los gobiernos. Que en época electoral o cuando están en la oposición todos fingen comprender sus sentimientos y sus reivindicaciones, pero que cuando llega la hora de la verdad, todo no es más una cortina de humo.

—Pues sí, veo que está usted bien informado. Todos nos han utilizado. Utilizan el terrorismo para ganar votos. En realidad, no les importa en absoluto lo que nosotros pensemos o cómo nos sintamos. Lo único que quieren es eso, ganar las próximas elecciones.

—Sí, es muy triste, señora. Todo esto es muy triste. Existen tantas víctimas en este país. A unas fingen ayudarlas y a otras las hunden en el más absoluto olvido.

—¿En el más absoluto olvido? —respondió la señora algo confusa. ¿Pero a qué victimas se refiere con esa expresión?

—Pues está muy claro, a las víctimas de la dictadura. Ellas también son víctimas y tienen derecho a que, al menos, se puedan recuperar sus restos y se rescriba la historia de lo que les sucedió. Todas las víctimas son mártires.

—Ya veo dónde quiere usted ir a parar. Sí, quiere usted que me identifique con aquellas víctimas. Pues no, no lo voy a hacer. Pues mi ideología no me lo permite, ni mis principios. Nosotros luchamos por la patria, ahora y en el pasado. Esas personas tenían que morir porque eran los enemigos de la patria. No son víctimas, sino enemigos muertos en el campo de batalla. Es más, aunque fueran víctimas no las reconocería como tales.

—¡Ah! Ahora entiendo. Así que usted pretende que nosotros reconozcamos su dolor y el servicio que su, supongo que marido, prestó al Estado. Pues sí, lo reconozco. Pero igualmente debería usted reconocer el derecho de las otras víctimas a ser reconocidas como tales. Si no lo hace, es usted una hipócrita, como los comediantes que la representan. Todas las víctimas son víctimas, las de todos los bandos, las de todos los credos. No solo las que comparten su ideología, sino todas.

Es muy triste ver como los prejuicios nublan su razonamiento y no le permiten entender que la misma injusticia es la que ha acabado con estas personas. Todos ellos fueron injustamente asesinados, fueron sentenciados a muerte sin ningún tipo de juicio, sin ningún tipo de evidencia, sin ser culpables de nada. Así, si usted quiere ser escuchada por todas las personas, debería empezar por comprender que son muchas las que son víctimas y que todas comparten lo que le acabo de comentar.

—¿Cómo se atreve usted a hablar así de mi marido? El dio su vida por la patria, ¿qué ha hecho usted? ¿Qué hicieron esas personas con las que lo compara? Esas personas querían destruir nuestro país. Debe usted reconocerlo, con esas ideologías, con esos falsos pensamientos.

Mientras hablaban, una mujer que estaba en la puerta donde se iba a celebrar la reunión de las víctimas del terrorismo escuchó todo lo dicho y se unió a la conversación:

—Perdona, compañera, pero este hombre tiene razón. Debemos reconocer el dolor de todas las víctimas. No hay víctimas de primera y de segunda clase, sino víctimas en general. No creo que el señor haya querido menospreciar a tu marido. A mí me ha ocurrido lo mismo que a ti y no me siento herida por sus palabras. Hace tiempo pensaba como tú, pero ahora he reconocido que todas las personas tienen derecho a ser tratadas como iguales. Esta es la única manera para poder vivir en una sociedad sin violencia y sin rencillas. Si nosotros no reconocemos que las víctimas de la dictadura son también víctimas, ¿cómo podemos exigir que todo el mundo piense que las nuestras son dignas de recuerdo y reconocimiento? Alguna vez, tendremos todos que vivir más allá de falsas creencias y estúpidas ideologías que no nos permiten entender la unidad de todos los seres humanos.

—Muy bien dicho, señora —gritó el Mendigo. Eso sí que es digno de alabanza. El reconocimiento de la dignidad de todas las personas a pesar de las diferencias que nos separan. Ese es el camino de la reconciliación; el reconocimiento, la paciencia, la bondad. No el odio, los prejuicios y las discriminaciones.

Todos los asesinos son eso, asesinos. No importa lo que defiendan, si sistemáticamente utilizan la violencia para obtener privilegios y para amedrentar al resto de los ciudadanos, son violentos y torturadores. Si van un paso más allá, son asesinos.

Los terroristas de hoy, los dictadores de ayer. Los que lanzan a las fuerzas del Estado contra el pueblo sin ninguna provocación. Todos son iguales, todo es violencia. Y todos los que la padecen son víctimas. Si hay una protesta pacífica y se utiliza la violencia para disolverla, eso es violencia. Si muere un ciudadano, es un asesinato. Sin los que protestan son violentos, eso es violencia. Si matan a alguien, eso es un asesinato. Se debe llamar a cada cosa por su nombre. Protesta pacífica, protesta violenta. Violencia policial, defensa del bien común y de la integridad de la ciudadanía. Cargas policiales legales y cargas policiales ilegales.

—Se acabó —dijo la primera mujer. Ya no aguanto más a este mendigo. No es lo mismo una violencia que la otra. Unos son los buenos y otros son los malos. Si alguien muere accidentalmente porque los buenos tienen que hacer su trabajo, entonces lo sentimos mucho, pero es algo que puede pasar. Me voy, ya empieza la conferencia y no quiero seguir escuchando estupideces.

—En realidad —respondió tranquilamente el Mendigo—, hace tiempo que se ha ido. Pues una cosa es el cuerpo y otra la conciencia. Su conciencia no se ha liberado todavía de los prejuicios y de la ira.

Por ello, no ha estado aquí en ningún momento de la conversación. En cuanto a usted, señora — refiriéndose a la segunda mujer—, me alegro de que comparta conmigo la mayor parte mis argumentos. Para acabar con la violencia y el odio debemos eliminarlo primero de nuestra conciencia, ese es el verdadero camino. Pero sin diferenciar entre buenos y malos.

—En realidad, comparto todos sus argumentos. Pero debe entender que muchos de los que son parte de esta asociación de víctimas del terrorismo no los comparten. Ahora que he hablado con usted, me veo en la obligación de llevar su voz, que es la voz de los que también son víctimas, dentro de este lugar para que retumbe en los oídos de estas gentes. Ellos deben comprender que hasta que todas las víctimas no nos unamos no habrá paz ni descanso.

—Que así sea. Ve, pues ya ha comenzado la conferencia. Recuerda que las verdades duelen. Y duelen todavía más cuando las mentes están plagadas de odio y prejuicios. Yo me despido y la bendigo por lo que ahora va a hacer.

Y así se despidieron. El Mendigo estaba tan cansado que no podía mover ni un solo dedo. En cuanto vio un banco en un parque y allí se encaminó. Se sentó en el banco y pronto se sintió incómodo. Así que se fue al césped y se sentó en él. Entonces dijo a los pequeños animales:

«Veis qué estúpidos somos los humanos. Siempre centrados en nosotros mismos desde que tenemos conciencia. Es muy triste observar a los hombres luchar en guerras fratricidas, sin entender realmente las causas del conflicto. Sinceramente, os digo que si ellos las entendieran, la mayor parte dejaría sus armas en el suelo y abrazaría a su adversario».

«La evolución ha incrustado en nuestras mentes ciertos comportamientos que en el pasado sí fueron ventajosos. El problema, mis amiguitos del bosque, es cómo podemos luchar contra esos comportamientos si la educación esta secuestrada por los que los promueven. Nuestra mente está repleta de prejuicios y solo por medio de la educación se pueden combatir, ¿entendéis ahora por qué algunos se empeñan en controlarla?».

«Estos comportamientos heredados de nuestros ancestros, cristalizados en prejuicios, son tan fuertes que incluso los que luchan por medio de la educación contra ellos tienen problemas para vencerlos. ¿No veis que no hay tiempo que perder? La masa ciudadana es tan manipulable en este sentido que la democracia no puede defenderse a sí misma. La propia debilidad de nuestras mentes puede utilizarse contra ella a través de la manipulación de los muchos».

Después de un rato en su ensimismamiento sintió sed y fue hacia la fuente del parque. Bebió con gran asco y lavó su cara. Comió lo poco que aquel parque le ofrecía y meditó para calmar sus emociones. Así estuvo aproximadamente una hora. Se tumbó y se quedó profundamente dormido.

LA SEÑAL

Amaneció y una ráfaga de aire hizo que un pequeño fruto maduro cayera en la cabeza del Mendigo. Este se despertó y estiró todo su cuerpo. Su descanso era total. Todos los pájaros, como siempre, lo recibieron con trinos y gorjeos. El Mendigo los bendijo y seguidamente inició sus rituales. Se refrescó, bebió y se lavó.

El calor del estío había remitido un poco y el día parecía que iba a ser mucho más acogedor. Esta vez se dirigió hacia el oeste, algo le decía que esa era la dirección que debía seguir. Inmediatamente, se encontró con una gran multitud. Millones de personas se agolpaban para escuchar un mitin político. No recordaba haber visto a tal cantidad de gente reunida en la gran ciudad.

Y entonces lo vio. Un escalofrío volvió a recorrer todo su cuerpo, al igual que cuando la lechuza le habló de ello. Y dijo en voz baja:

«Ha llegado la hora. Esta es la señal que he estado esperando. Aquí están, ya me previno la lechuza. Millones de dormidos embaucados por los demagogos, eso es».

Una vez dicho esto, sabía perfectamente lo que tenía que hacer. Caminó lentamente, pero sin retroceder, entre la multitud. Se dirigió al gran escenario donde ya estaban hablando algunos comediantes para las masas. Gritaban consignas, proferían insultos, hablaban sin saber. Utilizaban las emociones de los embriagados, de los refugiados en la muchedumbre. Todos se dejaban llevar por ese sentimiento de enajenación que acompaña al pensamiento de compartir los mismos sueños que millones de personas. Todos tenían el sueño de que sus representantes podrían llegar al poder y gobernar para que el país cambiara a mejor. Y entonces lo hizo, hizo lo que la lechuza le pidió. Subió al escenario y se aproximó al que hablaba a las masas. Algunos guardaespaldas lo interceptaron y la gente comenzó a abuchearlos:

—Él también tiene derecho —gritaba la muchedumbre. ¿No decís que somos todos iguales, que todos debemos participar para formar un nuevo Estado?

—Está bien, acércate —gritó rápidamente el orador, viendo que esto no favorecía la imagen de su partido. Ven y habla a todos nuestros conciudadanos, ¿no ves que todos te aclaman?

El Mendigo se acercó hasta el hombre en total calma. No sintió en absoluto el llamado miedo escénico. Saludó a aquel parlanchín con coleta, colocó el micrófono a su altura y comenzó a hablar a la informe masa:

—He me aquí de nuevo, delante de todos vosotros. Hace ya milenios que fui y no veo que hayáis cambiado lo más mínimo. Seguís estando dominados por vuestras emociones y vuestros prejuicios. Marionetas de hoy, no sois tan diferentes de vuestros ancestros. Miradme, soy el que viene a despertaros.

La muchedumbre se quedó boquiabierta, millones de personas al unísono enmudecieron. Durante unos segundos, el silencio fue lo único que reinó, hasta que la gran masa comenzó a vociferar e insultar al mendigo.

—Callad, no he terminado aún. No he venido solo a deciros esto. Estoy cansado de que una y otra vez os manipulen. Sois esos perros que ven a su dueño acercarse y ya mueven la cola condicionados por tantas aproximaciones con comida. ¿No os dais cuenta de que incluso la más ridícula propuesta realizada por estos demagogos es aplaudida por vuestras indignas manos?

Todo el mundo gritaba, hasta tal punto de que el propio demagogo tuvo que intervenir para que la multitud dejara continuar al mendigo:

—Está bien —dijo el orador—, dejad de gritar. Vosotros habéis querido que hablara. Esperad un momento a ver lo que tiene que decir este bufón. Muy bien, mendigo —tapando ahora el micrófono—, no sé qué pretendes, pero no me gusta ni un pelo lo que estás haciendo. Si querías cabrearlos, lo has conseguido. Ahora habla rápido, es tu última oportunidad.

—Bien, hermanos, vengo a comunicaros que ha llegado la hora. La hora de la verdadera democracia y de los ciudadanos responsables. Durante años he estado viviendo en soledad, donde la tierra se aunaba con el cielo. Aprendí de los animales y de mi propia práctica contemplativa las virtudes que podrán liberar a la nueva ciudadanía. Ahora escuchadme bien, pues voy a daros una nueva tabla de virtudes.

Todo el gentío enmudeció de nuevo. Algunas voces ordenaban al resto guardar silencio. Querían escuchar a este nuevo personaje. Unos pocos reían, pero eran rápidamente amonestados por la multitud. La masa tomó forma, se unió en un único ser. Y el Mendigo continuó su discurso.

—Hermanos, todos vosotros debéis ser como el lobo. Debéis organizaros en una gran manada. Solos no conseguiréis nada. Aprendí de los lobos que la colaboración es fundamental para cazar una presa. Que vuestra presa sean los demagogos de hoy. La gran sinergia se consigue cuando los individuos realmente colaboran. En la colaboración, debéis encontrar a aquel que os guíe, pero hacedlo como lo hacen los lobos. Cuando se debilite y se atrofie, cuando ya no defienda realmente los intereses comunes, entonces derrocadlo. Ya no os representa. Aprended también del lobo a ser salvajes e indóciles, no se debe seguir a cualquier líder. Desconfiad de las falsas promesas de los comediantes. Sobre todo, desconfiad de aquellas que quieren aliviar vuestro miedo y vuestra hambre, estas son las grandes fuentes de la manipulación. Si os ofrecen dinero, escupidlos a la cara, pues quieren comprar vuestra esclavitud. Y recordad, toda la manada debe participar en la cacería. No os fiéis demasiado de vuestros representantes.

Mientras hablaba, el gentío comenzó a comprender que este hombre había venido realmente a ayudarlos. La gran masa prestaba cada vez más atención a sus palabras. Era un discurso completamente diferente a los que habían estado escuchando hasta ahora.

—Hermanos — continuó el Mendigo—, debéis ser como la serpiente. La inteligencia debe ser vuestra aliada. No dejéis que nadie imponga lo que se debe aprender. Lo que aprendáis será algo que os marque el resto de vuestras vidas. Vuestros esquemas mentales, vuestros conocimientos, deben ser de buena calidad. Luchad por entender las causas de lo que sucede, luchad por resolver los problemas. Acumulad información, pero aprended a organizarla, ese es el punto de partida. La verdadera inteligencia no reside en la mera recolección de la información. Las abejas no viven solo de recolectar el polen, sino de procesarlo y convertirlo en miel y jalea real. Procesad vosotros la información para que tenga sentido y para crear nuevos sentidos, para iluminar un camino pacífico y glorioso.

Algunos de los allí presentes se preguntaban quién era aquel extraño personaje. Tenían dudas de a quién representaba. Había una gran suspicacia en el ambiente. ¿No sería un infiltrado? ¿No vendría a sembrar la duda entre los contrarios al régimen?

—Hermanos, debéis ser como el zorro. La astucia es necesaria para no ser engañado. Aquel que promete algo a la masa tiene siempre una intención oculta. Averiguad cuál es esa intención y desenmascararla. Utilizad todas las armas posibles contra los demagogos. Analizad a la ciudadanía y mostradle alternativas aceptables que fomenten el bien común. Presentadlas bellamente para que atraigan la atención de la masa. Hablad a los conciudadanos de resultados y de beneficios.

—Sí, eso es cierto —gritaban algunos apoyando las ideas del Mendigo.

—Hermanos, debéis ser como el león. Aunque los tiempos de crisis son realmente horribles y suscitan gran incertidumbre y miedo, tenéis que ser valientes. No permitáis que el miedo paralice la acción. El miedo es una emoción, no podéis evitar sentirla. Sin embargo, se puede reducir su intensidad cambiando los esquemas mentales. Afrontar el miedo y seguir hacia delante, eso es la valentía. La valentía no es una emoción, es una cualidad de una persona, su carácter, algo que se puede reconstruir a través del hábito. No seáis esclavos de vuestro temperamento innato.

—Sí, debemos derrotar nuestro miedo —vociferaban desde varias partes.

—Hermanos, debéis ser como el gorila. A pesar de su aspecto fiero, este animal comparte pacíficamente su medio con sus hermanos y otras especies. Así, es un ejemplo de bondad y generosidad. Si tenéis de sobra, debéis compartirlo. Si nadie os daña, no dañéis a nadie. Evitad las disputas. No acabéis con los recursos naturales, no utilicéis más de lo que necesitéis. Sed moderados. Aunque la fuerza podría permitiros conseguir más de lo que tenéis, evitadla. La violencia siempre engendra violencia.

—Sí, hay que ser generoso y compartir con los demás los recursos que tenemos —repetían desde la multitud.

—Hermanos, debéis ser como la araña. No os dejéis llevar por la ira. Debéis ser pacientes. Esperad e investigad las verdaderas causas que llevan a las personas a actuar. Si alguien arremete contra vosotros, preguntaos por qué. Si alguien os insulta, preguntaos por qué os insulta. Cuando analicéis las verdaderas causas, descubriréis que la falta de inteligencia, los prejuicios y los vicios se encuentran en la base. No es la otra persona libremente la que te daña, sino esa persona movida inconscientemente a actuar así por causas ocultas. Perdonad, hermanos, perdonad a los inconscientes que hieren.

El gran público comenzó a aplaudir, aunque muchos todavía no habían abierto la boca ni tenían intención alguna de aplaudir lo que este extraño ser estaba expresando.

—Hermanos, debéis ser como el perro. No os digo que aceptéis un dueño. Pero sí debéis ser fieles con los que defienden los ideales justos. Los ideales justos son los que se basan en la dignidad de las personas. Son los que establecen una igualdad de derechos para todas las personas del mundo sin ningún tipo de excepción. Dudad de aquellos que separan a las personas según prejuicios, religiones, estereotipos, ideologías y nacionalismos. Que vuestro más alto ideal sea el amor a la humanidad.

—Eso es muy bonito —gritó un escéptico. ¿Pero a qué nos conducirá el amor? ¿El amor va a hacer algo por nosotros? ¿La humanidad va a hacer algo por nosotros? La nación sí hará algo.

—¿La nación? — respondió el Mendigo en tono inquisitivo. La nación será vuestra tumba. Hermanos— continuó—, debéis ser como el águila. Debéis enorgulleceros de vuestros logros y no castigaros por vuestros errores. El que se obsesiona con el error no comprende que este es parte de todo aprendizaje, su condición de posibilidad. Eso sí, no seáis soberbios, pues nadie consigue nada por sí mismo. Compartid vuestros logros con aquellos que os ayudaron, aunque no los conozcáis de nada. Nadie aprende a hablar en una isla solitaria. ¿Qué pensáis que hace el águila cuando no abate a su presa? Volver a intentarlo. No piensa que ha fallado. Surca de nuevo el cielo, abate sus alas, otea el suelo desde la altura y se lanza en picado.

La multitud entró como en especie de trance, sus corazones latían a un mismo ritmo. Todos se imaginaban sobrevolando el mundo en busca de una nueva oportunidad de éxito.

—Hermanos, debéis ser como el búho. Sed curiosos. Preguntaos por la verdad de los valores que defendéis. Investigad la forma en la que se puede mejorar la vida de las personas y vuestra vida. No os apoltronéis y esperéis a que alguien lo haga por vosotros. Vivid en el intento de la resolución de enigmas. La vida y la muerte son solo eso, un enigma. Si los hombres del pasado no lo hubieran hecho, ¿qué sería hoy de nosotros?

—¡Eso es cierto! —gritaban cientos de personas.

—Hermanos, debéis ser como el pulpo. La plasticidad es fundamental, hoy más que nunca. En los tiempos que vivimos, los cambios son tan rápidos que quienes no se acostumbren a ellos quedarán relegados a lo más parecido a la esclavitud. Siempre, han existido cambios sociales y ambientales, pero lo que ha acontecido estos últimos siglos y lo que está aconteciendo es algo insólito. No defendáis lo que ya ha perecido, mirad hacia el futuro e intentad buscar una solución novedosa. La añoranza es un sentimiento que paraliza. Crear es una acción que moviliza. Sed creadores. Mimetizaos con las nuevas condiciones sociales e intentad mejorarlas de raíz. Si esperáis a las hojas y a los frutos, ya será demasiado tarde.

—Pero reciclarse es muy complicado. Muchos de nosotros no podremos hacerlo.

—Lo sé —reflexionó el Mendigo por un momento y continuó. Hermanos, debéis ser como la hormiga. El ahorro y el conocimiento del sistema financiero es algo que no se puede eludir. Lo que viene va a ser más de lo mismo. Es absurdo vivir del crédito, siempre esclavizado. Recordad que los bancos hacen negocio con vuestro dinero, arriesgan vuestro dinero. Es preferible gastar lo necesario e invertir lo sobrante en lo que te libere, arriesga tú tu dinero. Trabajar siempre para alguien, defender puestos de trabajo que te esclavizan, ¿esa es la solución? He sido testigo de batallas perdidas en las que miles de personas luchaban por migajas de pan.

—Eres muy gracioso —gritó alguien desde la distancia. No podemos hacer otra cosa, es mejor esa solución que morir de hambre.

—¿Venderse por migajas de pan es una solución? —respondió el Mendigo. Hace años os oía quejaros por las condiciones laborales, queríais cobrar más, queríais trabajar menos horas. Ahora defendéis puestos de trabajo degradados, ¿hasta dónde estáis dispuestos a hundiros? Si vosotros no defendéis vuestra situación económica, si no buscáis alternativas, ¿lo van a hacer las empresas que encuentran países donde la fuerza de trabajo es inmensamente más barata? ¿Creéis que podéis obligarlas a permanecer aquí para daros de comer?

Os diré algo, cuando comenzó la introducción de la maquinaria en las fábricas en los inicios de la época industrial, hubo quienes se indignaron e intentaron luchar contra esta nueva tendencia. Pesaban que las máquinas sustituirían y abaratarían la mano de obra humana. Tenían razón, eso es lo que ocurrió. ¿Pero qué defendían? ¿Defendían el progreso? ¿Los apoyaríais ahora y dejaríais de utilizar todas las máquinas que mejoran vuestra vida? ¿No favoreció esto el abaratamiento de todos los productos al poder ser fabricados en serie? Las empresas que esclavizan a los pobres de hoy en los países emergentes intentan aumentar sus beneficios, lo hacen solo por sus beneficios. Lo que no saben es que indirectamente están ayudando a estas personas a cambiar sus vidas.

En Occidente ocurrió así, primero se esclavizó a los trabajadores y luego se consiguieron grandes avances. ¿Creéis que estas sociedades permanecerán

214

siempre impasibles ante su explotación? Ahora prefieren trabajar montones de horas en condiciones infrahumanas a morir de hambre. Proceden de la más absoluta pobreza. Con el tiempo, la situación cambiará y comenzarán las protestas. Los esquemas mentales cambian según los ingresos. ¿Quiénes de vosotros se preocuparon verdaderamente por la situación de estas personas antes de que las empresas explotaran este filón de mano de obra barata? ¿Cómo las ayudasteis? Con la globalización, las empresas pueden deslocalizarse. ¡Con eso no contabais hace años! Ahora es una lucha de todos contra todos, los trabajadores de todo el mundo venden su fuerza de trabajo. Unos están dispuestos a trabajar por menos, es ley de vida.

Si queréis cambiar esta situación debéis hacerlo desde las instituciones. No protestando como toros salvajes. Embistiendo al que te da de comer. Llegad a las instituciones, aprended a mandar. ¿Qué es lo que teméis? No perdáis el tiempo en causas perdidas. No utilicéis medios arcaicos. Esos medios los crearon los que os controlan para que vuestra impotencia se liberara. Las manifestaciones son solo una forma de controlar vuestros impulsos. No os manifestéis solamente. Uníos y formar un gran partido. Y, por cierto, no os radicalicéis como en el pasado. No solo existe vuestra verdad.

—¿Quién eres tú? —le quitó el micrófono el orador comediante. ¿Para quién trabajas? Pretendes dividir a la masa para que pierda fuerza. Eso es lo que buscas, ya lo entendido. Eres un infiltrado del régimen.

—Yo no soy ningún infiltrado —respondió el Mendigo recuperando el micrófono. Lo que pretendo es educar a la multitud para que no la controlen. No solo los que acusas, sino también partidos como el tuyo. Vuestro partido no quiere que esto cambie realmente. Les ofrecéis falsas promesas y soluciones ridículas para contentarlos y controlarlos.

Todos los que estaban allí se percataron de esta discusión y comenzaron a insultar al orador del partido, el cual se tuvo que bajar del escenario. Ahora la gran masa estaba rendida ante el discurso del Mendigo.

—Hermanos, debéis ser como la lombriz. Destruid prejuicios y sed humildes. La lombriz remueve y se alimenta de la tierra. Removed vosotros todos los ideales y purificarlos. Todas las ideologías que inventan una supuesta superioridad de un grupo con respecto a otros grupos humanos son una mentira peligrosa. Los prejuicios os guiarán hacia la discriminación y la violencia contra colectivos débiles. Os harán canalizar vuestra ira y vuestro odio contra los que son inocentes. La humildad nos dice que no somos superiores a nadie, que este viaje es un viaje en comunión con el mundo y con todos los seres que lo pueblan. La xenofobia, el racismo y los nacionalismos son ideologías utilizadas por los gobernantes para movilizar a la masa para apoyar sus propios intereses. Utilizan los instintos, las necesidades y los miedos de la masa para su propio beneficio.

La multitud comenzó a aplaudir cada una de las declaraciones del Mendigo. Cada vez más personas asentían con la cabeza.

—Hermanos, debéis ser como el castor. La constancia es el vehículo del éxito. Solo a través del hábito y la determinación se pueden conseguir los resultados esperados. Si queréis cambiar el mundo y la situación en la que os encontráis, debéis luchar como el castor, día tras día construyendo un dique en el que poder vivir. El castor no puso un palo y se rindió cuando lo arrastró la corriente. El castor luchó y luchó para encontrar la manera de comenzar a construir el dique y luego afianzarlo. El castor dominó el río antes de que los sumerios se aliaran con el Tigris y el Éufrates. Con ellos comenzó la civilización, siguieron el consejo del castor.

—Te queremos a ti, represéntanos tú —gritaba la gran multitud.

—Tranquilos, confiad en vosotros. Hermanos, debéis ser como la medusa. La honestidad es indispensable en la tierra de los corruptos. La corrupción está destrozando las bases de la democracia. Sed translúcidos como una medusa en los asuntos públicos. La ciudadanía tiene derecho a ser informada sobre todo lo que ocurre de una manera clara y verídica. Introducid los aguijones de la medusa donde nadie se ha atrevido hasta ahora. Erradicad los últimos reductos dictatoriales. Siempre desde las instituciones, siempre desde la legalidad. Que los tentáculos de la medusa luchen contra los tentáculos del poder establecido. Debéis paralizar el poder injusto en las más altas cumbres, no en las calles.

La muchedumbre enloqueció. Millones de personas coreaban las nuevas virtudes que el Mendigo estaba predicando. Todos querían comenzar esta nueva odisea.

—Gracias hermanos. Pero aún falta la reina de todas las virtudes. Debéis ser como el martín pescador. La ecuanimidad está en la cúspide de la pirámide. Caminad hacia los parques de esta ciudad contaminada, sentaos sobre vuestros traseros en una postura meditativa y observad desde la atalaya de la conciencia contemplativa el río de pensamientos, emociones, deseos y sensaciones que os arrastra.

Sed como el martín pescador. Permaneced impasibles observando el río hasta que un pez se ponga a tiro. Expulsad ese pensamiento de vuestra conciencia contemplativa y no permitáis que os arrastre río abajo. Permaneced ahí. Más allá del pensamiento. No juzguéis. Concentraos solo en el vaivén de vuestra respiración, en su continuo fluir. Entonces descubriréis dónde he estado viviendo estos últimos años. O mejor, dónde he estado morando durante milenios. La paz mental, la imparcialidad en el juicio. Caminad hacia mí, yo soy el que habéis estado esperando.

De nuevo, toda la multitud enmudeció. La gran masa observaba atónita a aquel extraño hombre. Todos, sin saber realmente por qué, confiaron en sus palabras y en la bondad de su corazón. De repente, un ensordecedor estruendo emergió de algún lugar. El Mendigo se desplomó.

LA NOCHE

La noche había llegado antes que de costumbre. Las nubes cubrieron la gran ciudad. El Mendigo había recibido un disparo mortal, pero aún tenía la fuerza suficiente para decir las últimas palabras a la multitud. Se sentó en la postura del loto y pidió que le acercaran el micrófono a la boca. Ningún miembro del partido lo hizo, varios espontáneos subieron desde el público y lo ayudaron a despedirse:

—Quien comprende el gran arcano no se entristece en el momento de morir, pues morir y vivir son la misma cosa. Durante milenios he vivido para servir a la humanidad y aunque me maten cien veces volveré a hacerlo. La conciencia vive más allá del cuerpo. Siempre en un cuerpo, pero no siempre en el mismo. Lo más importante que tenía que cumplir era la gran tarea y creo que ya lo he conseguido. ¡Despertad!, hermanos, ¡despertad! Quién me haya disparado no es nada más que un mercenario sin una verdadera conciencia, pues desconoce las verdaderas causas que lo empujan a actuar. Te amo en tu desconocimiento de las verdaderas causas, insensato. En cuanto a vosotros, los que habéis ordenado mi muerte, temblad, pues no existe acicate más poderoso que un mártir.

Comenzad hoy mismo el viaje de la ecuanimidad y de la superación de este régimen político injusto. Vuestra revolución debe empezar en los parques, desde vuestro interior pacificado. Haceos con las instituciones de manera pacífica, pero sin retroceder en el intento de transformación del sistema de valores de los que las dirigen.

No estéis tristes, dejad de llorar por mí —dijo mientras observaba a la gran multitud llorando. Nunca pensé que millones de personas llorarían por un hombre tan pequeño. Nadie es indispensable. Vosotros sois los que debéis guiaros a vosotros mismos, uníos en la búsqueda de los grandes ideales. Adiós, cuerpo, pronto mi conciencia migrará a otro recipiente.

Y el Mendigo se desvaneció. Millones de personas se dirigieron a los parques. Desde la megafonía, se las intentaba convencer para que se quedaran en el mitin del partido, pero los comediantes no obtuvieron ningún resultado. La poca luz que quedaba fue ocultada por millones de pájaros que cubrieron el cielo de la ciudad. El ambiente se entristeció y todos los allí presentes lo interpretaron como una prueba de la veracidad de las palabras del último gran orador.

LA SALIDA DEL SOL

A la mañana siguiente, los parques amanecieron repletos de personas con caras sonrientes. Sus conciencias estaban tranquilas y ya no se dejaban persuadir por argumentos de astutos demagogos. Preferían soportar el hambre a ir ciegamente detrás de suculentos anzuelos. Comenzaron a organizarse y pronto planificaron la formación de un gran partido. Siguieron los consejos del Mendigo y se basaron en las virtudes que este había predicado.

Allí estaba el banquero, el juez, el minusválido, la chica que había sido de la tribu del pelo rapado, la empresaria, la mujer millonaria, la sindicalista, el republicano, una de las víctimas del terrorismo y la bella mujer que le dejó compartir su casa. Estos fueron testigos de la gran tragedia y siguieron los pasos que el Mendigo había marcado. Se unieron a la multitud y contaron a sus conciudadanos lo que habían aprendido.

Después de unas horas, espontáneamente, el minusválido se erigió como la persona más apta para llevar las riendas del caballo de Troya que había que introducir en las instituciones. Un caballo de Troya repleto de humanidad y grandiosos ideales.

El sol había salido de nuevo, ¿quién sabe si para quedarse?

www.ingramcontent.com/pod-product-compliance
Lightning Source LLC
LaVergne TN
LVHW011347080426
835511LV00005B/163